大觉归真

心的管理，就是生命的管理

中国香港／觉真法师 著

国际文化出版公司
·北京·

目录

大觉归真

序：济时解困的心财富 / 05

/// **心的管理** / 002

一个人，能管好自己的生命，管好自己的“心”，这是一种责任自觉。有了这个“自觉”，什么问题不能自我解决？

心的管理就是生命管理 / 004
灭“我执”，清“垃圾” / 017
苦精进、勤精进 / 021
唤起爱的能力 / 024
休息，也是缘 / 028
有型有样，有品有格 / 032
知世知时，有品有德 / 036
从发现到证悟 / 041

学诗学礼，以言以立　/ 045
离苦，自能得乐　/ 050
禅与心灵世界　/ 054

/// **财的管理**　/ 078

做生意，不是赚取利润，而是赚得人心。人心向你，财自道生。道，就在人心。为什么人心向你？因为你心中有他，他心中也会有你。

内财是真正的财富　/ 080
能增值的钱，在哪里？　/ 083
只有利他，才能利己　/ 086
家有万金不富　/ 090
知之一字，众妙之门　/ 094
人生往来两条船　/ 097
不值之富，不配接受之富　/ 100
淡定从容，体悟人生　/ 105
把梳子卖给和尚的学问　/ 109
高手都在市场上　/ 112
道不远人，道在自心　/ 117
挣钱，要找到钱的源头　/ 120
恭喜发财　/ 123

/// **人的管理** / 126

以人为本，本在哪里？佛法做出了最精到的回答：本在自心。

中国两千年来，就有儒家治国、道家治身、佛家治心之说。这个“治”，不就是管理吗？

一切管理，都是人的管理 / 128
利益最大化，就是原则 / 137
无缘大慈，同体大悲 / 140
自他不二，人我一体 / 143
保护关系的微妙性 / 146
弘法利生，做你自己 / 150
大家平等，彼此平等 / 153
物有所值，“值”在哪里？ / 156
利不在我，利在全局 / 159
于细微处见大局 / 161
淡定从容，活在当下 / 166
为人师表与“学而优则仕” / 187
身教重于言教 / 191
人生管理，做自己的主人 / 194

04

/// 传统与文化 / 208

中国古人最初提出“文化”这一概念，原是相对于“武功”而言。“以文化之”，是文化的最初义、本来义。文化是一个民族之所以能够延续、传承、发展并自立于人类社会的最重要的基石。

什么是文化？ / 210
真正的国学在哪里？ / 221
被误会的国学 / 225
三人行，必有我师 / 233
留与不留，是一种选择 / 237
爱者，惜也 / 244
“五路财神” / 248
“下棋找高手，弄斧到班门” / 256
有知识，没常识 / 259
“敬鬼神而远之，可谓知矣” / 263

序：济时解困的心财富

《新财富》杂志社社长　郑颂

与觉真法师结缘，始于 2010 年初。

其时，中国经济虽在全球金融危机的一片哀鸿中独秀于东方，然而，经济快速增长、社会剧烈变迁所累积的巨大压力，已令各阶层面临不同程度的心理焦虑。

西方社会自工业革命以来绵延二百年的工业化、城市化、全球化、信息化进程，在中国的演进时间只有三十余年。在这个农业社会向工业社会、乡土中国向都会中国、封闭国度向扁平世界、鱼雁传书向网络生存过渡的社会转型期，诚信危机，道德滑坡，城市化带来的空间维度上的挤压，城乡二元结构带来的公共服务落差，经济增长带来的资源、环境与安全透支，以及受益不均带来的贫富分化，种种冲突被高度浓缩，社会与环境的张力逼近饱和。不仅被寄予厚望的中产阶层成为房奴、卡奴、车奴、孩奴，“压力山大”，平民阶层囿于社会的板结、上升通道的堵塞，逆袭艰难，被视为成功者的民营企业家、金领等阶层，面对成长空间的限制、商业环境的混浊以及家族传承的难题，同样身心俱疲。

正是此时，我们遇到了觉真法师。

觉真法师，江苏南通人。自幼出家，早年毕业于上海静安佛学院，后又师从前中国佛教协会副会长、当代著名高僧茗山长老，曾随师于海内外讲经弘法；后任香港佛教僧伽学院副院长、香港佛教联合会宗教事务监督；现任辽宁大学永惺佛学研究中心研修学苑院长、《世界佛教论坛》杂志总编辑。近十年来，他为上海交通大学、西南交通大学、清华大学、北京大学、长江商学院等高校总裁班讲学，深受欢迎。

觉真法师在第一次接受采访时说，佛家讲无常，**无常就是发展变化**。冬天，过去；春天，到来，这就是无常。因为无常，才没有静止，没有凝固，没有僵化，没有停步不前。因为无常，才有发展，才有变化，才有希望，才有美好的明天。一部佛教史，实际上就是一部不断发展变化的历史。当今世界，伴随着城市化的推进，都市人的困惑已与过往有了显著差异，如何从山林走向都市，与现代社会互动，引导都市人群净化心灵，提升精神境界，也成为佛家面对的新命题。在佛教的现代化上，许多高僧大德作出了有益的探索。而觉真法师最感佩人心之处，则在于他的济时理念。

觉真法师学养深厚，又洞察现代人内心苦厄。他的文章、演讲往往旁征博引，将佛家和国学两千年的智慧，与自由、民主、科学、理性等现代价值观相融合，层层说法，因此更能直击人生、社会，直指现代人心，带领人们观照世界、人生、自心，以求发现自己，管理自心，明心见性，真正体现了大乘佛教的济世悲心。

法师在聊天中，曾提到两个小故事。

一个发生在伊拉克战争刚开始时，不少香港市民举行反战游行，也有人热血沸腾，要求走上前线，抵抗美军。一位记者来到香港佛教联合会办公大楼，时任香港佛教联合会宗教事务监督的觉真法师出来接待。

记者说 :“我是佛教徒,我要走上伊拉克的战场了,上战场,就要杀人。杀人，就得犯戒，你看我怎么办？”

觉真法师略加思索，答复说：“我从五个方面来响应你：一、如果你杀一个人，能救一百人、一千人，那不是杀人，是大慈大悲；二、我们佛教中有一条‘无心杀，不犯戒’，也就是说，你没有预谋，没有带着杀人的心去杀人，那是不犯戒的。比如，你发现敌人要对你下毒手了，你出于自卫，不得不抢先击毙他，这个是被迫的，出于自卫的，没有带着杀害他人之心去杀，所以不犯戒；三、能不杀，尽量不要杀。比如，可以包围他，命令他放下武器，或者驱赶他，叫他走开。这当然是避免了杀伤；四、不管是有理由的杀，还是没有理由的杀，只要杀了，你就要忏悔。只有忏悔，才能消除业障；五、佛家的戒，千条戒，万条戒，其实只有一个戒——心戒。您同我探讨的，都是在相戒上。戒不在相，戒在心。心中有戒，何处不可去？”

这个记者感动地说:“法师,你讲了这五条,我最佩服的还是最后一条,心戒。”

由此可见，觉真法师的回答，是应时、济时。他没有教条主义的说教，也没有本本主义的引经据典，针对这位记者面对的现实问题和心中的疑惑，实事求是地作出了具体的解释和回答，既有理论的高度，又有实践的指引。他能如此圆融、妙答，就因为他懂得“法无定法”。他也常说，谁把佛法说死了、凝固了，那不是佛法。

另一个故事是法师经常讲到的过马路问题。如今，在香港，竞争意识强、时间宝贵的香港人过马路时秉承中国式过路之风，不乏闯红灯者。他们往往不考虑红绿灯，只要对面没有车子来，就迅速冲过斑马线。而觉真法师说，他在香港过马路，只要是红灯，决不冲线。他说，红绿灯是一个“符号”，这个“符号”，有五个内涵：一、它是法律，你能不守法吗？二、它是道德，做人要讲道德啊；三、它是人与人之间的关系，你能不尊重人与人之间的关系，不保护好人与人之间的关系吗？四、这是你的心态，心态平静的人，能面对一切；五、这就是文化，文化在哪里？文化不在书本上、文字上，而就在你的行为中。你的行为，就是你的文化。

说完这五条，觉真法师又说：“我不是服从红灯，我是服从我自己啊。站在那儿，等待绿灯，就因为我是一个品牌，我是中国佛教徒的品牌，我能伤害这个品牌吗？……”

品牌意识、自我管理意识，深入浅出，通俗易懂，寓意深刻，全被他说活了，这不是“济时”的最生动表现吗？

觉真法师的济时济世理念，得益于深厚的佛学功底。一直以来，多数中国人所理解的佛教，可以定义为市井佛教，人与佛的关系往往聚焦于烧香许愿求保佑，其中存在许多误解。而觉真法师的“佛教是无神论”“拜佛就是拜老师”等提法，不仅令人耳目一新，更直抵佛学根本，廓清了诸多迷识。他关于佛家对意识的理解、禅定概念的论述，更结合了心理学、物理学、哲学等学科新知。他把佛教的本质归结为“关怀人生，关怀人的生命、人的生老病死、人的自我解脱”，强调“佛教是以人为本，以人为主体，以人为中心的宗教”，因此，觉真法师以关心和从事人的生命教育、心灵教育为己任。正因为如此，觉真法师的演讲、著述，无论是宏篇大论还是随笔杂感，都备受高级知识分子阶层和那些掌握资本、拥有一定管理权的企业高层的欢迎。法师关于“管理遇到佛学”的论述，自他无二，人我一体。利他才能自利，慈悲心、平等心是真正管理科学真谛的阐发，更引起了广泛的关注和赞同。

著名学者方立天教授曾经说，觉真法师是一位学问僧。以我同觉真法师相遇相识以来的感受，他确实是认真做学问的。他热爱中国佛教，他尤其尊重和爱护中国悠久的历史文化、优秀的民族传统文化。他讲中国佛教从来不忘记中国文化这个母体、本土本源。他认为离开了自己的五千年中国传统文化，就无法理解中国佛学。从他在《新财富》上所写的专栏文章，到在各地高校为EMBA（高级管理人员工商管理硕士）班所作的“佛教智慧与企业管理”等演讲，无不体现了他治学的这一特点，无不贯穿了他的这种济时理念。

书名是《大觉归真》，真在何处？真在觉。觉在何处？觉在存真去伪，由伪得真。这就是务实求真的精神。他说，**什么叫务实？不求名，不求利，不怕苦，不怕难，知人知己，知世知时，时穷守穷，时困守困，守信不欺人，守诚不欺心。以信念渡过大海，以感恩答谢残忍，以宽容克服痛苦，以智慧净化自心，不怨天不尤人，自己解决自己的问题，这就是务实**。人人都务实，社会一定安稳祥和，怎么会有那么多矛盾、纠缠、痛苦、委屈、怨恨、报复和种种社会悲剧呢？这也正是觉真法师济时济世理念的精髓。

觉真法师不仅在佛学领域造诣极深，还深谙国学精妙。法师对《论语》开篇“学而时习之”的探求、解读，回到了孔子的原始义、本初义，真正回归了“孔子，圣之时者也”的本来面目。这也证明觉真法师的济时理念，是有根有源的，这个根源就是优秀的中国传统文化。

然而，觉真法师又不局限于此，他还有西方文化的视野，从柏拉图、康德，到近代的马克斯·韦伯（Max Weber，1864—1920）、海德格尔（Martin Heidegger，1889—1976），从索绪尔（Ferdinand de Saussure，1857—1913）到胡塞尔（Edmund Husserl，1859—1938）、卡西尔（Ernst Cassirer，1874—1945）；从弗洛伊德（Sigmund Freud，1856—1939）到卡尔·荣格（Carl Gustav Jung，1875—1961）。甚至在“文革”期间，他还通读了《马克思恩格斯全集》四十二册。凡在治心研究上有独到之处者，他都有联系对比，圆融会通。这足以证明，觉真法师不但是济时理念的倡导者，而且是一位力行不辍的实践者、躬行者。

觉真法师的躬行，自然体现在为人上。老人家的无分别心、利他心、真诚谦逊、礼仪周全，常为我们作表率。法师虽年过八十，却不知疲倦。他法务繁忙，常赴国内各地访问讲学，并远游印、法等国演讲，却笔耕不辍，迄今已撰写“大觉归真”专栏文章三十余篇，“心财富”论坛演讲稿六篇，洋洋洒洒计十数万言。

与觉真法师的殊胜因缘，“成就了《新财富》的心财富，”冀望这些充满上善智慧的心财富，助您创造更多新财富。

心的管理

一个人，能管好自己的生命，管好自己的“心”,这是一种责任自觉。有了这个“自觉”，什么问题不能自我解决?

心的管理就是生命管理

健康，靠的是免疫力。佛学，学佛，就是提升心理的免疫力，增强心理的免疫力。

在各地讲学，经常接到的一个提问，就是压力，就是累（身心疲惫）。有压力，是好事，不是坏事。人没有压力，人类不会发展到今天。压力不可怕，可怕的是压力成了生活的阻力，成了生命的杀伤力。因为，这个“累”字，这个“压力”，就成了某些现代人忧虑、恐惧、不安、烦躁、失落、空虚、迷茫、无助而陷入紧张、冲突、矛盾与危机之中的一个形象概括。一个人，不是身累，是心累。心累必定身也累，身心俱累，来自压力。身心既累，身心俱疲，就无力抵抗压力了，那么问题就越来越大了。

我想，要认知压力的虚妄性，首先要看看压力是从哪里来的。压力的来源，大致有三个。

一、比

人好与人比。一比，不如人，心头的压力就升高了。比，无处不在，中国台湾的大企业家张忠谋说，人从儿时起就开始比了。他排列了一下：

1 岁到 4 岁比可爱，2 岁到 7 岁比聪明学艺，8 岁到 12 岁比成绩；

13 岁到 15 岁比 cool（酷），16 岁到 18 岁比帅，19 岁到 22 岁比女朋友；

23 岁、24 岁比体力，25 岁比学历，26 岁、27 岁比汽车档次；

28 岁到 32 岁比老婆，33 岁到 35 岁比小孩、比儿女；

35 岁到 40 岁比事业、比地位；

41 岁到 50 岁比房子，51 岁到 55 岁比钱、比享受；

56 岁到 60 岁比儿媳妇，61 岁到 65 岁比声望；

66 岁到 70 岁比子孙，71 岁到 75 岁比健康；

76 岁比老、比老资格、老来俏……

反正，好与人比，永远比不完。

羡慕别人没有错，比比不如人，耿耿于怀，压力就来了。张忠谋说得很幽默：我发现没有一个人的生命是完整无缺的，每个人多少都缺了一些东西。有人夫妻恩爱，月入数十万，却有严重的不孕症；有人才貌双全、能干多才，可是，在情路上坎坷难行；有人家财万贯，可是子孙不孝；有人看似好命，却是一辈子脑袋空空。你比的是你看到的，你能同你看不到的去比吗?

二、贪

贪吃贪睡，问题还不算大。贪财贪色，问题就来了。“广厦万间，夜眠七尺；良田千顷，日仅三餐”，这就是说，需要有限，而欲望无穷。就基本的需要而言，那不算贪。就无止境的欲望而言，那就是贪了。贪心不足、贪得无厌、所求不得、欲壑难填，那压力可想而知了。

贪的本质，是一个私欲的问题。欲望无罪，但是欲望可怕。**止欲**，

是向道德、向智慧走去。纵欲，被欲望牵着走，那是向迷误走去，很可能后果不堪设想，后患无穷。所以，人的私欲不能被克服、被抑制，人就会向破坏性的方向走去。这时，他想把自己要得到的，都“吞”进自己的身体之内，否则他不甘心。如果这个世界可以吃，他也一定会把整个世界吃下去，目的就是“占为己有”。这就是“私欲”无限制的可怕之处。于是，人把财产当成了自己，把权势、地位、名望、赞誉，连同自己的聪明、才智、色相，也都当成了自己。人被物化了。物化的目的达不到，危机就来了，内心的危机、生命的危机，接踵而至。所以，危机实际上是人的一种退化，一种自我迷恋与自我捆缚，最终只能是自作自受。

三、困

我说的是受困的“困”，遭遇阻碍，办事不顺，这很正常啊，“人无千日好，花无百日红”。顺利起来，有愿皆遂，财帛进门，挡也挡不住；不顺起来，就是相差半拍，横竖不成，急也没有用。

比如说，金融海啸来了，那阵子的香港，经济一片低迷，企业倒闭，老板潜逃，失业指数上升，人心惶惶。靠股票债券为生者，大惊失色，日子过不下去了的，卧轨、跳楼，新闻媒体上屡屡报道。哗，别忙，稍安毋躁！我想奉劝一句：请暂别一下安乐、兴奋的状态，进入一种清醒、思考和经受考验的状态吧。转换一下自己的状态，不是很好吗？能够转换一下人生状态，这是证明自己的理性，证明自己有正确的认知能力，证明自己能面对一切。你必须实现这一转换。能顺利转换自己、转变自己的人，才是一个能管理好人生的人。人，不能离开自己生存的自然环境，这叫自然生态；人也不能离开自己生存的人群，这叫社会生态。人的一切行为，又不能不与环境相协调，所以，人和人、人和社会、人和自然是相互依存的，谁也不能跟谁作对。几千年来的中国传统文化中，就有“天人合一，物我一体”的思想。在佛家，就叫“众生平等，法性平等，依正不二”，名相不同，含义都是一样的，无非叫我们懂得惜缘、惜福，不要做害人又害己的蠢事。如此而已。

佛家有智慧，对这三个妄而不实的问题早有回答。比，比什么？怎么比？好比不好比？人与人，几乎没有什么可比性。佛家讲缘，各有各的缘。举我自己的例子吧：我有几个徒弟，他们各有各的私家车，有的是徒弟自己购买的，有的是大护法、大居士送给他们的。我是师父，今年也 78 岁了，可我没有自己的车，出门上巴士，或者叫的士。我能和徒弟比吗？各有各的缘，各有各的福报。我没有那个出门即有车的缘，但是我有出门就走路的缘，走路可以锻炼腿力，这也是福报啊。

贪嗔痴，在佛家叫三毒。贪，是三毒之首，许多痛苦、烦恼都从贪而来。能不能把贪放下，能不能把贪转化为随缘自在、自在随缘呢？

困，人有困难是必然的。一帆风顺的事很少，而困难总是暂时的，终究是可以克服的，天无绝人之路，人无绝望之理。有佛法，就有办法。佛法是智慧，有智慧就心明眼亮，有什么困难不能跨越呢？

问题是，我们有些人不愿观察自己，也不想了解自己、认知自己。比如身体出了毛病，心里有了苦闷，不去研究一下身体不适的原因，对于苦闷的来由却只想逃避。其实，有痛苦，逃避不了；有灾难，也逃避不了。逃避并不能解决问题。正视痛苦，观察痛苦，找到原因，发现来由，找到解决的办法，这样才能解决问题。这就是观察自己、认知自己的好处。一个人生病了，他只看到病、痛，看到身体的某一部分出了问题，却看不到自己“看不到的东西”。比如说，你的心态、心念、情绪、气质、性格、性情。其实，这些你看不到的东西，却与免疫力很有关系。情绪低落，悲观绝望，对免疫系统的伤害最大。健康，靠的是免疫力。佛学，学佛，就是提升心理的免疫力，增强心理的免疫力。你每天打扫房间，清洗用具，清洁环境，这很好。但是，更重要的是打扫自心，清洗情绪，尤其是打扫自心的污染，清洗负面情绪，清洁自己的心灵，这就是你心灵的免疫力呀。

有人问我，佛学是人心的学问，从佛学的观点看，现代人容易陷入哪些心灵困境？如何从佛学中寻找自我，得到解脱？这个问题可谓问得很透彻。现代人的心灵困境，掰着指头数，恐怕还真的不少。

第一，市场关系，本质上是人与人的关系。做生意，中国自古就讲诚信为本，童叟无欺。**诚是什么？诚是人心。信是什么？信是人心。人心无诚，人心无信，人与人之间不可能有稳定的关系。**互相猜疑、疏离，人际关系陷入尔虞我诈的境地，这个社会还成其为社会吗？

人和人之间的关系，也有许多微妙性。你必须保护这种微妙性，绝不应破坏它。因爱生恨、由恩变仇、至亲变为死敌的例子，在在都有。请以船和水的关系为鉴吧。船和水的关系，是非常微妙的：没有水，就没有船；因为有水，才有了船。船是靠水托起来的，船借水而行，水是船的恩主，船当然要感水之恩。可是，水能载舟，亦能覆舟。水这位恩主却又成了船可怕的克星。船每前进一步，都必须克服水的阻力，否则，船便不能前进。如果遇上了风（外缘），波涛汹涌、狂浪大作，就更加凶险莫测了。可见，水是船的助力，也是船的阻力。

这不奇怪，得利受益，往往也隐伏了障碍。世上没有白吃的午餐，得利就要思害，受益就要思损。你是船，你不应忘记水之恩，但你依然要借水之力，学会乘风破浪，踏着波浪向前。

人和人之间的关系，同样也有这种微妙性，你必须保护这种微妙性。恩仇相生，苦乐相连，实为一体，本无分别。恩仇相视，人自分别。所以佛家提倡中道，不落两边。佛家讲平常心，讲无分别心，这才是人生的最高智慧。

第二，人要有一颗感恩之心。有了感恩心的人，才能有包容心，才能宽容别人、善待别人。说感父母之恩，感师长之恩，这容易做到。再说感客户之恩，感员工之恩，感竞争对手之恩，感一切帮助过你的人之恩，这也应该不难。可是还有四种人，你能做到感他们的恩吗？

一是小人物，不起眼的，甚至在你身边还有点碍手碍脚的，你要感他们的恩。比如，送货者、送信者、打扫厕所者、垃圾清理者、扫马路者、拣垃圾者，甚至站在门口或十字路口向你指路的人。请感恩他们吧，他们都是做好事的人。

二是惹你生气的、互有怨气的、不怀好感者，也要感他们的恩。这是逆增上缘，有了他们，让你懂得忍受、忍让、忍辱波罗蜜，他们成就了你的忍耐心、忍耐力，你怎能不感恩呢？

三是增加负担者，或者成为弃之不去的沉重包袱者，也要感他们的恩。这是考验你承受力的人，是帮助你懂得责任，懂得要牺牲自己、关怀他人、成就他人的人。你怎能不感恩呢？

四是仇人、冤家。这更要感他们的恩了。为什么？很简单，我们有个词儿：内耗。它是什么意思，大家都清楚。**有感恩之心的人，就不会内耗，只有内聚、内敛、内明**。这是成就你的大智慧，能不感恩吗？

这四种人，生活中无处不在，只要你走在人生的路上，就永远不会没有他们。你能以感恩之心对待他们，你的心灵境界还是常人吗？是企业家、事业家中的圣人了，是佛菩萨。

第三，只要在生活中，在充满不确定性的现实中，人总会遇到倒霉的事、不顺心的事，甚至冤枉的事、意外的措手不及的事。你怎么办呢？是面不改色、安之若定，还是心乱如麻、六神无主呢？风雨如晦不可怕，道路泥泞不可怕，前有高山后有猛虎亦不可怕，可怕的是信心失落，人生意义失落，人的道德底线失落。人不能像人那样活着，才最可怕。人生会经受许多折磨。有来自对立面的，有来自背后的，有来自仇者、怨者的，也有来自亲人、来自你最信赖的人的，还有来自素不相识、素不相干的人的。总之，说不清、道不明的折磨，的确不少。

请别害怕折磨。没有折磨，人不会走向理性；没有折磨，人不会走向成熟，当然，更不会走向成功。只有经过折磨，不拒绝折磨，能忍受折磨，人才能学会怎么活下去。所以，有一句古语“能耐天磨真铁汉，不遭人妒是庸才”。你的心像一块磁铁，当你心情愉快，对这个世界充满喜欢和善意时，一切美好的东西就自然地被你所吸引。当你苦闷、忧郁，对这个世界充满失落和隔膜时，那么，一切烦恼和厄运也就自然地被你吸引过来了。把你的心转变一下，你的磁力方向就转换了。

以上三点回应，我们能够都想明白了，这就是佛学中“心的学问”，叫“自净其意”。能自净其意，还得不到解脱吗？

还有人问我，佛教的哪些经文可以用于解答管理学的问题，哪些经文可以用于信众安抚自己的心灵？

其实，无须我推荐哪一部经文，因为佛家的任何一部经文，都是“治心”的。心的管理，就是生命管理。生命管理，就是管好自己的生命。一个人，能管好自己的生命，管好自己的“心”，这是一种责任自觉。有了这个“自觉”，什么问题不能自我解决？这就是任何一部佛经的主题，也就是说，任何一部佛经的主题，都可以说是人的自我管理。任何一种经文，都能用于信众安抚自己的心灵。

我还要重申一句：不是经文安抚我的心灵，而是我读懂了经文、理解了经文，由经文的内涵启发了我的信与解，是我自己安抚了我自己的心灵。这一点很重要。信与解，是前提；由信而解，由解而信，由信而解而悟，都是通过自己完成的，是自己解救自己。对一个不信、不解者而言，经文安抚不了他，也帮不上他的忙。

并非人人在学佛时都有可能遇到高僧大德，那么，如何以正确的方式取得精进？其实，学佛不一定要遇上高僧大德。即使遇上了，也要有缘才能亲近善知识。学佛靠自己，精进也靠自己。能亲近大善知识，固然是福报，是福德因缘，如果胜缘难遇，也不要紧。因为，自己可以努力，读万卷书，行万里路，同样也是学习和自我追求。

我有两次去印度的经历（应信众要求，很可能又要第三次去了），这不是旅游，不是去游山玩水，而是追寻历史、追寻佛陀的故乡，从而获得一种心灵的体验，一种人生感悟。所以，两次去印度，同行者中，有信仰佛教的人，也有不信仰佛教的人，但他们沿着佛陀的足迹，叩问历史，亲历其境之后，都有许多内心的感悟和精神上的收获，这是我未曾预想到的，也是没有去过印度的人所难以体会到的。

当然，学佛会遇上误区，如果不学佛，既不亲近善知识，又不能精进，那的确很容易走向误区，或陷入许多自设的误区。

我感到，**人最大的误区，是认知的误区**。

人，只能看到他所看到的，却看不到他所看不到的。**凡存在，有看到的存在，还有我们看不到的存在。**不能因为我们没有看到，就说除了我们看到的存在之外，其他一切都不存在了。这是人的认知误区。

你看到了美，是，这是美。然而，美也会遮掩了丑。可能美的另一面，美的背后，还有一些你所未见到的丑。

你看到了丑，是，这是丑。然而，丑也会遮掩了美。可能丑的另一面，丑的背后，还有一些你所未见到的美。

对人、对事，为什么要宽容？就因为我们只看到“看到的那一部分”，看不到那“看不到的一部分”。举个例子吧，足球运动，牵动无数球迷的心，而许多杰出的足球球员、万人迷，却常常情绪不稳，或被红牌罚下，或退场后酗酒、赌博，或生活放纵、道德败坏。这是人所看到的。可是，他们驰骋球场，激烈拼杀，只求冲击，其实脑部已严重受创，这种脑伤、内伤，使他们的判断力、注意力、情感与理性的平衡力，都出现了问题，这是人所看不到的。你说，没有了健康的大脑，他的行为还能健康吗？

第二个误区是不识真，也不识假，真假莫辨。既然真假不辨，也就容易走向愚、走向迷了，那叫迷、悟不辨。以前，社会上有个词叫“打假”。“假”能打得了吗？四川有一种名酒，叫“郎酒”。假的多了，叫“真郎敌不过假郎”。为什么能够造假？为什么造假越来越多？因为我们不识假。正因为不识假，才让以假充真有了市场、有了出路、有了“甜头”。假如人人能识假，假货有谁买？有谁要？“假”能通行吗？越是名贵的东西，就越多假。名人也一样，许多名人的假货，更因他的“名”，借假图利，大行其道。不识，才是真正的悲剧。所以，无知不可怕，不知道自己无知，还把自己的无知当作绝对真理，才真的可怕。

第三个误区，任性妄为，我行我素，管他冬夏与春秋，这不是文明。**文明是一种谦虚，一种品性，一种上进和提升**；当然也是一种调整，一种规范，一种约束。“发乎情，止乎礼”，这礼，就是约束，就是规范，就是调整，就是文明。

人最宝贵的财富不是金钱，而是自律。一个任性妄为的人，一个不能自律的人，他的金钱纵然很多，但也很容易挥霍一空，一夜之间化为乌有。一个人，能管住自己，管好自己，是最重要的个人素质，这才是真正的财富。说一个小例子：非典型性肺炎在香港肆虐时，政府下令，要求市民自行隔离，逗留在家中不外出。你能做到吗？只有具有自律精神的人才能做到。不外出，不是说你已是感染者，而是共同行动，关怀别人，不作“可能带菌者”，这有利于控制与遏止疫症。**有一颗为别人着想之心，才会自律，必能自律**，人才不会任性妄为、我行我素。一个对别人不负责的人，也肯定是一个对自己不负责的人。对自己都不负责任，他还会对别人负责吗？一个不接受他律的人，也一定是一个不能自律的人。不接受他律，正源于他不能自律。

你是老板，你是CEO，你是企业家，还必须懂得企业伦理和社会伦理。伦理，对人类社会的生活、工作，都具有最本质的意义。它是维系社会秩序、维系人与自然环境、维系一切人与人之间关系的基础。失去了这个基础，人类还怎么生活，怎么生存？与伦理相对应的就是管理。**伦理是内在的管理，管理是外在的伦理。伦理是一种道德的要求和自觉的行为，管理是外在的规范和行政的措施**。只有把伦理精神融入到管理之中，你的规范和行政措施才不是硬性的、强制的，而是内化为自我调整、自我约束、自我管理。如果人人都有这种自觉、自我要求，对集体而言，这就是一种团队精神，一种共同体的情感认同，一种自觉的行为习惯，或叫文化习俗了。到了这个时候，管理就真正进入文化层次的文明轨道了。

一个人，在认知上能够识真、识假，知迷、知误，在行为上能够自律，能够维护企业的、社会的伦理，那么我想，他的误区就必然会少，或者总能走出误区的。

社会是发展的，时代不断向前。佛家也讲无常，无常就是发展变化，没有永恒不变的东西。一部佛教史，实际上就是一部不断发展变化的历史。今天佛教的现代化，是事实，也是现实。大家都在提创新，但不能脱离根本。佛教有个“三法印”，即诸法无我、诸行无常、涅槃寂静。佛陀住世时，还有“法四依”的教导：依法不依人、依义不依语、依智不依识、依了义不依不了义。这“三法印”“法四依”正是我们佛教的根本。

中国台湾的“慈济”在慈善关怀、赈灾济难、救苦助人方面，的确做出了举世公认的成绩。在慈善事业方面，内地佛教界和香港、澳门的佛教界也都做出了显著的、令人难忘的奉献。各有许多宝贵经验，希望互相学习，互相交流，共同提高。中台禅寺在建筑上的创新，是很有意义的。这方面，法鼓山、佛光山、台北善导寺也都有新的构思、新的建筑风格。其实，早在 20 世纪 20 年代，上海四大名刹之一的法藏讲寺（建于 1924 年）在建筑设计上，就已融合了欧洲（古希腊、罗马）的一些建筑元素了。这种发展、变化，是必然的。由唐而宋，由元而明清，本来就是代有更革的。今天有新的发展、新的面貌，是好事啊。佛教从山林走向城市，今天的都市佛教，就更有许多发展了。关于少林寺管理模式上的某些争议，各界都很关心，我想，在实践中所出现的一些问题，在实践中总会得到改进、得到解决的。

佛教从印度传来，有赖于中国文化这个母体，才能在中国生根、发芽、成长，并且开花结果。离开了中国古代文化，你将无法理解自汉以来的一切经论（经、律、论三藏）的翻译及其传播，你也无法去阅读、研究中国佛教史上历代大师的大量著作。中国佛教已经不是印度佛教，是经过中国文化的浸润、吸纳、融化、转换而成的中国形态的佛教。如果不懂得老、孔、孟、庄，恐怕就很难懂得中国佛教的发展历程及其中国特色的创造性发展了。中国佛教已经成为中国传统文化一个不可分割的组成部分，换言之，儒、释、道，已共同组成了中国传统文化的DNA，是中国传统文化的三原色，三者相融相依。不通儒，焉能通释？这是两千多年来的中国历史所形成的，没有传统文化的涵养，的确很难阅藏知律，也很难认知中国佛教的精髓。

所以，我一再呼吁，佛教的创新和发展，不能丢失了传统，不能丢失了中国历史文化的承传。

当然，也有人在比较基督教与佛教对社会发展起到的作用，以及之间的关系。

基督教信仰与西方社会发展的关系，在学术界是有共识的。其对资本主义发展的影响，也是人们所共知的。而佛教在中国历经两千多年的发展，如果没有历代主政者的护持、推动，那也是很难设想的。中国自古以来，就讲儒家治国、道家治身、佛家治心，这是有历史证明的。在今天，佛教成为建设和谐社会的重要稳定因素，佛教的慈悲平等理念，正是人类实现和谐的思想基础，和谐、和合、和平，正是人类所应该追寻的共同利益。佛教的利他主义、慈悲利他、舍己为人，这种生命关怀、关怀生命的道德情操，不是最具有普遍性、普适性、包容性和平等性吗？

我曾经写过一篇文章，专门论说佛教在今天的十大文化功能，即信仰功能、灵魂净化功能、心理调节功能、祭祀功能、文化学术功能、艺术功能、旅游功能、民族团结功能、国际交往功能、慈悲福利功能。这十大功能，是与社会主义社会相适应的。但是我觉得，钱文忠教授在《佛教社会功能四题》一文中，归纳得更好：超小区的凝聚功能；超专业的教育功能；超事相的抚慰功能；超界别的摄护功能。钱教授还指出，这四个方面是不能截然分开的，实际上是彼此包蕴、相互依持的。钱教授所点出的四个“超”，我想，正是今天社会最需要的普适性、包容性的精神资粮了。

在香港某一次佛诞节的盛会上，我讲了这么一段话：“**最大的财富是健康**，**最大的健康是心安**，**最大的心安是自净其意**，能够自净其意，就是成佛了。”心安，天下安。心平，天下平。心中有和谐，我们的世界才能和谐。这正是人间佛教的智慧之光。

灭“我执”，清“垃圾”

“我执”是一切执着和一切烦恼的总根源。“我执”的表现是什么？就是贪、嗔、痴。贪、嗔、痴正是人类自身积存的垃圾。而能对自己说“不”的人，才是一个有能力清除自身垃圾的人。

佛教中与“利人”“利他”相对应的，就是“我执”。只知利己，不知利人；只图利己，不肯利他；为了利己，甚至害他、伤他，置他人于绝境，这都根源于“我执”。

我执，很可怕。执我为有，执我为唯一，执我为价值标准，回到早就批判过的“人不为己，天诛地灭”被称为资产阶级本质的哲学上去，那还有什么事不敢做？商业诚信原则、公司的集体值观、社会公德，以及作为一个人的精神质量，在“我执”的狂妄践踏下，全都扭曲了，甚至被罔顾、被排斥、被抛弃了。以皮革为原料制奶，以及早前的三聚氰胺奶、还原奶，还有什么西瓜注射色素、水果催熟剂、西瓜膨大剂，等等，就是这样走进大众生活中的。不过，这还不最可怕，比这更可怕的是广大消费者对国产乳制品的信任危机，这才是更难以消除的内伤。

佛家讲“无我”，不是说没有“我”这个人，而是说，人不会独存，不是孤立地存在。没有大地，人站在什么地方？没有水、空气、阳光，人怎么生活？没有父母，人怎么生下来？没有社会的供应，人的衣食住行怎么解决？这就是佛家说的“此有故彼有，此无故彼无”，人与他赖以生存的自然环境、社会环境，是一个整体。罔顾这个整体的存在，罔顾“他者”的存在，只有“我”的利益，只有“我”的唯一，而拒绝他者、排斥他者、否定他者，这就是“我执”，就是“执我为有”。“我执”是一切执着和一切烦恼的总根源。“我执”的表现是什么？就是贪、嗔、痴。贪、嗔、痴正是人类自身积存的垃圾。

佛家称“贪、嗔、痴”为三毒。贪为三毒之首。

什么叫贪？贪是过分的、过度的追求。一个人，有基本的需要。为了得到这个足可生活、足以生存的需要，那不是贪。想获得你本来不需要的，那就是贪了。“良田千顷，日仅三餐，广厦万间，夜眠七尺。”这个三餐，这个七尺之床，就是需要。饭吃饱了，想要龙肝凤胆；别墅有了，还想多几套、多几幢。一个太太不够，还想拥有二奶、三奶。超出需要，已经太多，那不是贪是什么呢？还有，有缘得到的，已经得到的，那也不叫贪。本来得不到，也不应该去得到的，却千方百计想要、想求。想要又得不到，想求又求不到，越得不到，就越想要，这就是贪了。贪得无厌，所求不得，变成了人的痛苦。佛家就叫求不得苦。其实，能够得到的，自然会来，那叫瓜熟蒂落、水到渠成，根本不用挖空心思去想、绞尽脑汁同别人去争。

凡是去争去求的，只要在道德的基础上，在合法的经营中，努力创造条件，自然开花结果。如果只开花不结果，那就说明因缘还不具备，条件还不成熟。也不必执着，不必难受，不必强求，能够随顺因缘，这就是一种正知正见，也是一种智慧。

人最可怕的是习气。有时，贪也是一种习气。一个视钱如命的人，看到了钱，就特别敏感，特别紧张，特别饥渴，拼命想据为己有。不管能拿不能拿，该拿不该拿，反正已成习性，自己无法控制自己。人，总是习惯对别人说“不”。如果一个人能对自己说“不”，那就不简单了，他便是一个能控制住自己的人。不贪，不占别人便宜，不做损德的事，这就要有对自己说“不”的勇气和能力，这才是一个有自觉的人。自觉的人，才是一个肯对自己说“不”、能对自己说“不”的人。

能对自己说“不”的人，才是一个有能力清除自身垃圾的人。

太平洋上有个岛国——瑙鲁，曾经创下经济奇迹，名噪一时，可是，不久便盛极而衰，迅速沦为国际乞丐。为什么？就因为贪得无厌。已经富了，还是可卑的穷人心态，只有对金钱的饥渴，却没有对自然资源的保护。在追求成为太平洋首富的心理驱使下，本来可以享用数百年的资源，竟然很快被开采殆尽。

当该国频频输入外来劳工，自己却集体贪腐、醉生梦死时，那种暴发户的思维，已注定他们失去了未来。

海边渔村，住了一对父子。有一天，儿子对着父亲咆哮：“您为何把我昨天捕的那些鱼给放了？”老渔民领着小儿子来到海边，指着大海说：“儿子啊，我们讨海的人，是靠海里的鱼过活的。鱼儿，是我们的宝贝。你可不能什么都要，那些小鱼小虾，该放掉的要放掉。我们过日子，不是只过一天、两天，一年、两年。你要记住：鱼儿能活多久，我们才能活多久。”老渔民不是生态学家，但他的一番话，对那些竭泽而渔者，不是上了一堂最生动的生态学的哲理课吗？

愚和智的区别，就是迷和悟的区别。迷产生愚，悟产生智。人生的意义，生命的价值，不在财富占有了多少，不在贪欲是否得到满足，不在恩恩爱爱得如痴如醉，不在名气的大小、地位的高低、权势的有无，而在心灵的净化、人格的高尚、意志的独立、质量的无私、道德的养成，尤其在烦恼的出离、生死的解脱、精神家园的回归。

你能求到你所渴求的一切吗？求名，当心被名所累；求爱，当心被爱所伤；求财，当心被财所苦；求美，当心减肥瘦身也是另一种伤害。你无所求，谁也不能伤害你。难怪古人要说：人到无求品自高。

我有所求，因为我没有。你无所求，因为你都有。到底是有所求的人富有，还是无所求的人富有呢？

越求，越贪。越贪，越穷。贪得无厌的人，最穷。

不求，无贪。无贪，空灵。空灵正是一种精神境界，是生命的高质量、大智慧。空是无边无际，灵是清明澄澈，空灵最富。浮躁的人、浅薄的人，永远享受不到空灵之美。

其实，人无所求。所求者，就是一个“安心”。心安，方无所求。心安天下安。

苦精进、勤精进

平淡也是福，平淡也是滋味，平淡也是人生。心平天下平，心安天下安。

一日之计在于晨。清晨、早晨，晨光曦微，一天开始了。要考核一天怎么过，就看您早晨怎么过。一天的谋划，始于早晨，有好的开始，就成功了一半。杜甫《游龙门奉先寺》诗云："欲觉闻晨钟，令人发深省。"佛门的晨钟暮鼓，正是对上进者、求知者、有志者的一种警醒，一种呼唤。许多人晨昏颠倒，把空气清新、精神饱满的早晨错失了，他没有早晨，他的一天损失泰半。

一年之计在于春。春天，一元复始，大地回春；有春耕春播，才有秋实秋收，硕果累累。一个农人，失去了春天，还会有秋收冬藏吗？那一年又怎么过呢？人，能失去自己的青春吗？人老珠黄，青春不再，只能谈桑榆晚景，哪还谈什么人生大计？孟东野有名句曰："谁言寸草心，报得三春晖。"母亲如春天，春天亦是人类的母亲啊。我们迎来春天，迎来一年的美好开始，又当如何考虑、省思、计划好一年的全局呢？

一生之计在于勤。这个"勤"，不仅仅是勤劳、勤力、勤奋，还有勤思、勤省、勤精进的深刻含义。有一次，我带领许多弟子朝礼山西五台山。

南台北台可以不去，但是，黛螺顶必须要去。那是垂直高度两百多米的一座山峰，大约有一千八百多个石阶，必须一步一步拾级而上。当时，我已七十多岁了，三步一拜，逐级攀登，也不成问题。那几位从北京、上海、香港、深圳来的记者、教授、企业家、女老板，他们可不容易了。

走了大约三分之一，停下来，我对大家说“苦精进”。佛家八正道中有一条叫“精进”，其他的七条，都要靠“精进”来保证，失去了精进，不能精进，那另外的七条正道也不能成就了。所以，精进是保证另外七条实现的。第一个精进，是“苦精进”。人要知苦，识苦，感受苦，不怕苦，能吃苦，克服苦，跨越苦，战胜苦，苦是考验我们、锻炼我们、成就我们的。我们欢迎苦，好不好？大家都说好，上！

走了一大半，到了山间凉亭，我又停下来，对大家说第二个精进——勤精进。走了一半了，不要停顿，不要望而生畏，千万不可半途而废。既然已经走了一大半，那就鼓起勇气，继续前进，不达目的，誓不甘休，对不对？大家又说好，坚持到底，直到最高峰，终于到达乾隆皇帝御题赐名的黛螺顶。

我祝贺大家，说了第三个精进——法精进，也叫“究竟精进”。这个精进，不是为个人，不是为“我”的，是为大众的，是为了成就他人，是利他的，这才是真正的精进。当时有一位年已六十的老者，他有糖尿病，是没有信心登山的，但没有退路，只好硬着头皮，硬撑着也到达了山顶。听了我讲这第三个精进，他流下了泪，我想，他真有精进的体验了。这个精进正是“勤”的同义语。一生之计在于勤，多么深刻。还有后话：这个六十岁的朋友，回到香港以后，糖尿病渐渐痊愈了，从此像换了一个人。我告诉他，是因为你的看法、想法变了，你已不是那个“有病”

的你了。

过年，总得说好话。一年之计在于春，迎春接福，这就是好话。不过，过年很忙，过完年就更忙。有的人忙得有滋有味，有的人忙得毫无收获，甚至忙来忙去，不知忙是为了什么。他的忙，一不见财，二不见利，付出很多，收获很少，于是，心中不是滋味，失落厌倦，精神倦怠，情绪不安，问题多多。其实，那都很正常啊。种子播下去，颗粒无收，或者广种薄收，这并不少见、不是你一个人如此，别人也会如此，可能往往如此，本来如此，不必惊诧，更不必灰心丧气，过一个平凡的年、平常的年，有什么不好呢？平淡也是福，平淡也是滋味，平淡也是人生。心平天下平，心安天下安。

一年之计在于春。迎来春天，过好春天，我祝你夏秋冬大发财。

唤起爱的能力

给予的主要含义，并不在于物质的东西，而在于人的精神力量。给予的，是对方心理上的需要。

什么是给予？对佛学深有造诣的西方分析心理学大家弗洛姆（Erich Fromm）有过专门研究。他认为，这个问题看起来简单，实际上很不简单。

我们往往误解了“给予”。

最大的误解，是认为给予就是放弃，是被剥夺、被牺牲了。一个不懂得给予的真正意义的人，一个没有施舍意识的人，他就是以上述这种方式来感受给予行为的。比如，一个市场性格的人，他愿意给予，是因为有接受交换的利益。只有给予，而没有接受，他就认为是受骗了，是吃亏了，是被剥夺了，甚至是牺牲了。这种思维方式的人，一般不肯施舍，拒绝给予。

还有一种人，他把给予看作是美德，是主动的、心甘情愿的牺牲。他仍然觉得，给予是我的施舍，是我的失去，但因为这是美德，所以我肯失去，肯牺牲。他认为，给予比接受更好，因为这是美德，我不求回报，我只求给予，我能接受牺牲，忍受失去。当然，这也已经很不错了。

可是，对仁者，对佛陀教化的慈悲心来说，给予还有更高的意义：给予是一种生命力，一种人的善性、本性、菩萨心。正是在给予、施舍中，我体验到我的富有（当然这是精神能力的富有）。这是一种能量，一种生机勃勃的、喜悦的正能量。这不是牺牲，不是被剥夺，不是失去，而是在给予的行为中表现了我的生命力和人性中最崇高的施舍。是无我、无私、无任何个人目的的，是为了利他，为了利群利众，为了成就他人、成就别人的需求。

在物质财富的领域内，并不是拥有得越多就越富有。恰恰是能施舍、能给予的人，才是真正的富有。一个囤积者、吝啬者，不管他拥有多少财产，他一毛不拔，他处处提防失去，就肯定焦虑不安。在心理意义上，在他的精神世界里，都是贫穷的，是十分卑微、可怜的。吝啬，正是贪婪的特殊形式。他的心灵空空一片，他永远享受不到那种施舍与给予的喜乐。穷人比富人更愿意给予，这个道理看起来很吊诡，其实也不难解释：因为穷人在心理上比富人更不怕失去。2011 年 5 月，美国《福布斯》杂志首次选出全球 19 位最肯施舍的慈善家，排名首位的是比尔·盖茨，他共捐出 280 亿美元。其次是巴菲特和索罗斯，他们分别捐款 83 亿和 80 亿美元。19 人中唯一的华人是李嘉诚先生，他捐出了 16 亿美元。可见，贫穷的痛苦不是贫穷本身，而是它剥夺了穷人享受给予的喜悦。

但是，我们不能不看到，给予的主要含义，并不在于物质的东西，而在于人的精神力量、人品识见，人性中最宝贵的东西。真正的给予，往往不是给钱、给物，而是把自己给出去，把自己的生命给出去。这当然不是说牺牲自己的性命，而是生命中最有能量的东西，比如你的喜悦、关怀、知识、善良本性，甚至是智慧、福德、因缘，生命的一切表现，一切自然流露，都可以给予他人。

因为给予，你充实了他人，帮助了他人，以自己的生命感觉，增强了他人的生命感觉。你不是为了接受、为了回报才给予，而是为使他人也成为一个给予者，你把自己最美好、最具生命力的东西，带到了更多人的生命之中，更多的人也成了给予者。对此弗洛姆非常深刻地说：“爱是一种唤起爱的能力，爱的无能就是不能够唤起爱。”他还特别引用了马克思一段表达得极为优美的话，大意是：人就是人，他与世界的关系是一种人性的关系，而你只能用爱换取爱，用信赖换取信赖，等等。假如你希望享受艺术，你必须是一个有艺术训练的人；如果你希望影响他人，你必须是一个能鼓励他人、激励他人前进的人。你同自然界、同人的每种关系，都必须确定地表现出你真正的、个人的生命，同时这种生命之表现与你当时的愿望所指向的目标要互相呼应。如果你的爱不能唤起爱——这就是说，如果你的那种爱不能产生爱，如果你以你作为一个爱者的生命之表现，不能使自己成为被爱者，则你的爱是无能的，你的爱是一种不幸。

卡尔·马克思的这段话，让弗洛姆产生了共鸣。因为他认为给予与接受是同体共生的，而给予与接受，并不仅仅限于爱的范畴。他认为，教师可以被他的学生所教导，演员可以被他的观众所引导，医生可以被他的病人所治疗。那么，这种给予，就是一个人的人格发展，一个人的高素质的养成。

一个人惧怕给予，可以说，这个人还没有走向成长和成熟。

给予，说到底，你给予的是什么？是对方心理上的需要。这是我作为一个佛教徒的体会。让我说个故事吧：

我有一位年轻的朋友唐晔先生，他是上海《沪港经济》月刊的执行主编。他在 2011 年中，采访报道了上海十多个最底层的贫困家庭，这些家庭半年都吃不上一口肉。2012 年到来的前夜，他掏自己的腰包，请这些接受他采访的人家吃“年夜饭”，共开三桌（大约三十多人吧），每桌 2000 元标准（饭菜质量可想而知了），然后，每人“派利是”（发红包）200 元，还给了他们回家打车的车钱。

这件事做完，他来信问我：“师父，我还有疑惑在心头。我请这些贫困家庭吃饭，究竟有没有意义？如果说有的话，意义在哪里？一顿年夜饭，并不能改变他们的生活，他们回去以后，还是过他们本来的日子。所以说，看起来是我请他们吃饭，其实，是他们给我面子，是他们在引发我进行一个更深的思考，是他们在洗涤我的心灵，是我得到的多于他们……”唐晔先生问得好，也说得好啊。他做的是一件力所能及的小事，但小事确实不小。他所给予的不是一餐饭、一席酒，不是那两三百元，他所给予的正是过年过节对方的心理需要啊，是对方“每一个白天和夜晚，我心头都生长着一片常绿的思念”（我的弟子陶星宏先生从英国寄来的诗）啊。

行笔至此，我很自然地想到了，弗洛姆曾经谈到**爱的四个要素：照顾、责任、尊重、了解**。我认为，四个要素中，**责任是最核心的自觉，尊重是最根本的前提**。正因为有承担责任的自觉，才会尊重他人、照顾他人，也才能最了解他人、理解他人。过去，在呼喊万岁的年代，我们有过“理解万岁”的响亮呼声，其实，对一个不懂得责任又不能承担责任的人来说，他能理解吗？连尊重别人都不可能做到，他还能理解什么、了解什么呢？

休息，也是缘

逃不掉，由不得你，这就是缘。

生病了，这也是缘，也是逃不掉，由不得你。我终于躺下，卧床，要休息了。

在树荫下，牛卧了下来，它在那里休闲，悠闲。

狗狗就更自在，它四肢趴在地上，睡着了。

小猫懒洋洋地闭上眼睛，动也不动，好像在睡，好像在打盹，也可能在做梦。

它们都知道抓紧时间休息。

人不也一样需要休息吗？可是，有些人不懂休息，顾不上休息，也忘了休息。许多老总、企业家、创业者，他们真的很辛苦，每天工作 16 个小时以上，甚至还有连续工作 20 个小时的，几乎没有休息。所以，我每次讲课，读者提得最多的问题，就是压力，就是累，身心俱累，身心俱疲。为什么？没有休息；或者，忘了休息。

其实，我也是，我也很累，我也不知休息，顾不上休息。不休息，会受到报应、受到惩罚的。

回顾一下 2013 年 5 月。5 月 10 日我回到香港报到，11 日在荃湾海滨如心酒店参加“东北三老佛学思想研讨会”，我是论文发表者，也是研讨会主持人之一，我与郑涌教授一起会见各方朋友，时间用足，毫无休息。这时，体力已隐隐不支了，一整天几乎没有吃什么食物，只喝了一些水。我没有参加晚宴，因为我要当晚赶回深圳。

从会场讲台上走下来，我就上了等在宾馆门外的汽车，直奔福田口岸了。第二天，由深圳飞武汉。送我去机场的朋友偏偏走错了路。错了，马上改、及时改呀，他不，他要一直错下去，竟然把我送到了东莞虎门大桥，再从那里折返深圳宝安机场。看看时间不够了，打电话请机场的朋友为我先办理登机手续。对方热情答应，可是，当我的车子到机场时，突然来电：“对不起，机舱门已关闭，停止登机了。”我只好改订机票，从广州起飞。朋友不好意思，又从宝安机场送我直奔广州白云机场。到达武汉的时候，已是晚上。没心情了，饭也吃不下了。

第二天，在武汉大学的阶梯课室里，我讲了 7 个小时的课，中午未吃，晚上未吃（吃不下，不想吃）。为了不给别人添麻烦，讲完课的 13 日当晚，我飞回深圳。

虽然极度疲劳，但我 16 日上午还是按时去香港太古城，参加了由香港 ACT（康宏金融集团）组织的“私人资产管理和财富传承论坛”。在这里，我作了主题发言，又同大家一起就餐。当然，我还是勉强吃了一点，但仍然不多，没有胃口。

第二天，17 日，我又飞上海了。在上海，我是半休养状态，因为人没有力气了，不想动，可是讲座还是不能不去，朋友的聚会还是不能不出席。23 日回到深圳，因为 25 日汕头有车来接，26 日我在汕头至善文化中心有一堂课。一切如常，坚持到底，应了酒筵上常听到的一句话“舍命陪君子”。

26 日当晚，从汕头讲完课，又回到深圳。但第二天，我就不能不走向医院了。

这个走向医院，已是到了无奈、不能不去的时刻了。

我的侍者照顾我很辛苦，就埋怨我，那些讲课、出席活动，可以拒绝一下吗？不去不可以吗？

不行呀，这就是缘。我讲缘，就是逃不掉，就是由不得你。

香港“东北三老佛学思想研讨会”，我能不去吗？我的感恩心不容我缺席啊。

武汉大学的课，可以不去吗？不行，那是早就约定的，许多朋友是从远方而来，汇聚到那里的，我能失约吗？

香港太古城的“财富论坛”，不去可以吗？这次论坛的主题是“综观全局，另辟蹊径”，我正是被这个主题所吸引才写了论文的。这么好的主题，太吸引我了。这个吸引力，才是真正的软实力。

汕头的课，可以不去吗？这次讲座的主持者、邀请者，是我只见过一面的陈总，仅这一次见面，他开头的一句话就让我感动了。他问我：“上海复旦大学一位博士生在水中下毒，把他的同学、另一位博士生杀死了。这是人才啊，能考上复旦的研究生，不是人才吗？人才难得，两人都毁了，这样的悲剧怎能不令人痛心？”他的爱才惜才，又为这一社会悲剧痛苦，他关注的是人的心灵建设啊。这不是菩萨吗？我正是被他见面第一句话所感动，才答应了他 26 日的课，我能不去吗？

逃不掉，由不得你，这就是缘。

生病了，这也是缘，也是逃不掉，由不得你。我终于躺下，卧床，要休息了。

一位美国神父来到中国，他从远方打电话来，对我说："风暴、苦难，是应该来的。来了，对你有好处，它是一个转折点。因为它让你转变自己、改变自己。改变了，你就走进生命的另一层次、另一境界了。"

他说得真好，同我常说的一样，但引发了我的另一联想：上帝创造世界、创造人类，只干了六天，第七天，他不干了，他要休息。所以，这才给我们留下了星期日制度。星期日，就是休息的。

可是，我从来没有星期日，星期日是我的星期七。一年到头，节假日我就更忙，更不能休息。所以，上帝不答应了，要我躺下，懂得休息，不要再忘了休息。

我想告诉我的朋友们：您也不要忘了休息啊！

有型有样，有品有格

人没有分出多少种，只是他的“样子”，把人分出了不同的品性、气质和境界。所以，你的样子，实质上是你的人品、人格、人样。

香港人讲“有型”，上海人讲“台型”。我想，这个“型”，就是人的样子吧。明末清初的戏剧家李渔（1610—1680 年）在他的《闲情偶寄》一书中，曾经特别强调人的“态”，这个“态”是什么？他说：“犹火之有焰，灯之有光，珠贝金银之有宝色。”这说得有些不好懂，其实他所说的“态”，也就是人的一种“样子”。

人是有人的样子的。你看人，首先总是看到他的“样子”。站有站的样子，坐有坐的样子，走有走的样子，吃有吃的样子，睡有睡的样子。每个人都有他自己的“样子”。

汉斯·布洛河纳(Hans Brochnes)教授在存在主义的鼻祖索伦·奥贝·齐克果（Soren Aabye Kierkegaard，1813—1855 年）英年逝世后的一篇回忆文章中说：“他的笑容，他的眼神，具有不可描摹的表达能力。对于一般距离之外的人，他有特别的打招呼的方式——仅用一个眼神。”妙，这个眼神，不就是齐克果的样子吗？

我很难忘记这个故事：有一次，林肯和他儿子罗伯特驱车上街，遇到一队军人从街上走过。林肯随口问一位路人："这是什么人？"林肯原想问他们是哪个州的兵团，但是没有说清楚，那人却以为他连军人也不认识，轻蔑地回答："这是联邦军队，你真是个他妈的大笨蛋。"林肯面对这个路人的斥责，非常礼貌地说："谢谢。"他毫无半点怒容，关上车门后对儿子说："有人在你面前说老实话，这是一种幸福。我没有问清楚问题，的确是个笨蛋。"林肯不为别人的无礼而生气、动怒，相反谦虚地接受别人的坦诚，而且告诫儿子要检视自己、反思自己、总结自己、要求自己、宽待别人。一声礼貌的"谢谢"，这就是林肯的样子。

南非总统曼德拉逝世，多少国家的人民都纪念他。曼德拉在1952年组织并领导了"蔑视不公正法令运动"，赢得全体黑人的尊敬。他说："让黑人和白人成为兄弟，南非才能繁荣发展。"44岁那年，他被捕入狱，后被关入人称"活地狱"的罗本岛监狱，白天做打石头、捞海带、采石灰等苦活，晚上被关在不到四平方米的"锌皮房"里。每天都有三个看守寻找各种理由虐待他。1994年5月，曼德拉成为南非第一位全民选出的黑人总统。在总统就职仪式上，他恭敬地向三位曾关押他、虐待他的看守致敬，感谢他们也来参加他的就职典礼。全世界都看到了曼德拉的谦逊、慈悲、自信、毫无怨仇，他的三鞠躬，这不是他的样子吗？

在香港出席"纪念东北三老学术研讨会"时，我遇到了年已96岁的香港佛教联合会会长觉光长老，我走上前去，本想拜见他，他却一把抓紧我的双手，举了起来，激动地摇晃着，双目注视着我。他的亲切、慈悲、温馨，让在场的许多人动容，这就是觉公上人的样子。

我在深圳中航健体公司做过一次讲座，一结束，中航领导人王岚小姐捷步走到台上，向我赠送纪念品。她微笑着，彬彬有礼，风度翩翩，雍容大方，这就是王总的样子。

当然，我也有一次并不愉快的记忆，那是出席一次著名佛教道场的开光盛典，因为我是来自香港的朋友，被安排在主席台上第一排就座。挨着我坐在上首的是某省会城市的佛教协会会长，也是这座著名城市中久负盛名的千年古刹的方丈，而且还任该市一所著名佛学院的院长，一身三职，是佛教界重量级领导人士。仪式开始后，他歪斜地坐在席位上，仰视天花板，双腿也微微抖动，停了又抖，似乎不自觉地抖成了习惯。台下有人看不过眼，结束后走来问我，有没有看到这位领导人士的样子？我抱歉地说："我不太了解，这是第一次近距离相见。"当然，这次相见留下的"样子"，也确实难忘。

香港首富李嘉诚先生，我从来没有与他见过面，但从一篇文章中获知，他在他的办公桌上的水晶框内，写下了自己的一句警策之言：

求万事之荣，不如免一事之辱；
邀千人之欢，不如释一人之怒。

太好了，何须谋面？从他的自勉自策，我已看到了李嘉诚先生的"样子"。

男人女人都是人；富人穷人都是人；官和民，主与仆，都是人。人没有分出多少种，只是他的"样子"，把人分出了不同的品性、气质和境界。所以，你的样子，实质上是你的人品、人格、人样。

上面说的那位某省会城市佛教界领导人士，似乎他已忘记了自己的存在，他看不到台下四众弟子，只在他目空一切的自我世界里。当然，他也看不到自己的样子，其实，他的那副样子，就是他自己的存在。请恕我直言，他的那副样子，让人发现他的德行和智力水平，可能还处在十岁前未开蒙的样子吧。

我们的老总、我们的企业家、我们的历史开创者，是一个集体、一个团队、一个组织的心灵领路人。你的样子，就太重要了。

从个人修养来说，一个人的样子，正是一个人内在修养和素质的外在体现。

知世知时，有品有德

知世知时，即是知变化，一切可变，一切在变。时穷能守穷，时困能守困。守，是守住、耐住，自己把握自己、自己管好自己。有品有德，自己解决自己的问题，这就是务实。

现在讲“务实”的人可多了，真正懂得务实而且能做到务实的人，恐怕不太多。大家都务实，人人都务实，社会一定安稳祥和，怎会有那么多矛盾、纠缠、痛苦、委屈、怨恨、报复和种种社会悲剧呢?

什么叫务实？不求名、不求利，不怕苦、不怕难，知人知己、知世知时，时穷守穷、时困守困，守信不欺人、守诚不欺心，自己解决自己的问题，这才是务实。

名与利，非求而得也。名和利，当然要，但不是想要就能要到。要不到，不可能得到，求不得，苦由是而生。苦与难结伴而行，有苦就有难。面对苦、难，不是逃避，不是生怨生气，而是知苦识苦，能吃苦，承担苦，承担难，这是君子，是明智者。

世界在变化，时代在变化，为什么叫光天化日？为什么叫“天行健”？变化也。所以，**知世知时，即是知变化，一切可变，一切在变**。时穷能守穷，时困能守困。守，是守住、耐住，自己把握自己、自己管好自己。守什么？守信、守诚。守信，不欺人；守诚，不欺心。不欺人，正源于自己对自己不欺心。这是立人以品的“品”，这是做人讲德的“德”。做人没有品，做人不讲德，那叫“务实”吗？**有品有德，自己解决自己的问题，这就是务实。**

“天行健，君子以自强不息”。君子要体会这个天行健，觉知这个天行健，效法这个天行健，才能以自强不息。这就是务实。

《老子》中“人法地，地法天，天法道，道法自然”，这个“自然”，佛家叫“佛性”，也叫“自性”，也就是“本来”。本来如此，这就是务实。中国文化自古提倡的是天地运行、四时不息，人应该敬畏自然、崇尚自然、师法自然，以自然为师，这个“道法自然”不是务实吗？

《周易·乾卦·文言》初九的爻辞“潜龙勿用”，孔子解释说：“龙德而隐者也，不易于世，不成乎名，遁世无闷。”什么意思？务实呀。这就是务实。在初九这一爻中，虽有龙的德，却没有龙的位，只能说，它是隐在下位。所以学易的人，要能在时穷中，固守穷之道，不为邪世、邪道、邪说、邪见所乱，能出于世俗流俗，务实而不务名，务实而不贪利，不求知于世，不贪虚名浮利，以立我之品，成就我之德，受困于世而不闷、不躁、不怨、不烦、不忧亦不惧。这是什么？务实。

假如我们民族没有这种“时穷能守穷，时困能守困”的务实精神，恐怕司马迁也就提炼不出“文王拘而演《周易》；仲尼厄而作《春秋》；屈原放逐，乃赋《离骚》；左丘失明，厥有《国语》；孙子膑脚，《兵法》修列；不韦迁蜀，世传《吕览》；韩非囚秦，《说难》《孤愤》；《诗》三百篇，大抵圣贤发愤之所为作也”这样大气磅礴、智光照人的历史性总结了。正是这种不屈不挠的务实精神，才激励了多少志士仁人前赴后继，开创、成就了我们民族五千年辉煌的历史文化。

大道理如上，生活总是具体的，吃亏、倒霉、不幸，恰恰是生活中的常态。在风浪中拼搏向前的人，谁没有翻过船、撞过车、吃过亏？可是，人总是趋利抢利，不肯舍利，不肯吃亏。吃了亏，不是心怀忌恨、怨愤、牢骚、不满，就是悲观、绝望，走向沉沦，或者加倍报复，争个头破血流，走向肆无忌惮、疯狂。这都是认识的误区，正是迷误。吃亏既是常态，就接受它、认识它，总结一下自己，这就是务实。

聪明的人肯吃亏，不怕吃亏，不拒绝吃亏，从吃亏中悟出人生的道理来，那就是理性，那就是智慧。这个务实，就进入“上品”了。

郑板桥的题词“难得糊涂”，说的正是聪明难，糊涂更难。这个糊涂，不是懵懂、蒙喳喳，不是失明、瞎了，而是由聪明变得更聪明了。肯吃亏、甘于吃亏是一门大学问哩。这门学问，就叫务实。

说来说去，这些都是理。那么，我就说一件事吧。这是一件实事，你会遇到，我会遇到，人人都有可能遇到。

她是台湾人，丈夫早逝，她以教书挣钱抚养小儿，不但抚育儿子长大成人，而且送他到国外留学。儿子完成学业后在国外上班，挣了钱，买了房子，也在国外娶妻生子，建立了美满家庭和辉煌的事业。寡妇得知儿子的成就与志愿，心中窃喜，打算退休后带着退休金前往美国与儿子媳妇一家团圆，享受晚年含饴弄孙之乐。就在距离退休不到三个月的时候，她写了一封信给儿子，告诉他三个月后她就要飞往美国和他们团聚了。她一面等待儿子的回音，一面把在台湾的产业、事务作一些善后处理。

退休前夕，她接到儿子从美国寄来的回信。信一打开，一张支票掉了出来。一看，是一张三万美元的支票。她想，儿子从来不寄钱给她，自己就要到美国去了，怎么还寄支票来？给她买机票也不用这么多啊。她心中一阵喜悦，赶紧读信。

信上写道："妈妈！我们经过讨论，还是决定不欢迎你来美国同住。如果你认为你对我有养育之恩，那么，以市价计算，约为两万多美金，现在我添了些，寄上一张三万美金的支票给你，希望你以后就不要再写信来啰嗦了。"

母亲读完信，老泪纵横。自己一生守寡，希望全在儿子，现在儿子也靠不上了，从此晚景凄凉，风中残烛，情何以堪！痛定思痛的她，忽然又想通了。儿子有儿子的事业，他有他的想法，那就不去凑热闹了，还是靠自己。她用这张支票的钱，为自己规划了一趟环游世界之旅。在旅行中，她见到大地之美，看到世界各地不同的民情，心胸也宽广了。

她又寄了一封回信给儿子，信中说："你要我别再写信给你，那么这封信就当作是以前所写的信的补充吧。我接到了你寄来的支票，很感谢。我已用这张支票上的钱完成了一次成功的世界之旅。在旅行中，我忽然有了感悟，我非常地感谢你，感谢你让我懂得放宽自己的胸怀，让我看到天地之大、大自然之美。我会照顾好自己的。"

这位母亲，真是一位最务实的母亲了。**人要能看破人与人之间因缘的聚散**。缘聚时，那是亲人，是至戚；缘散时，可能就成了路人，是各走各的路了。放下怨气，让自己在缘散时保持一份潇洒、一种心宽、一种自在。假如她执着于儿子的不孝，不能看开这段即将消逝的母子因缘，必然心中怒不可遏，气不打一处来，一旦怒气难消，因怒成恨，怒火攻心而生大病，病到后来死了，又有谁会去同情、评价或者凭吊这段往事呢？多么可敬的母亲！她面对现实，能够务实、看破、放下，心宽自在。她的务实精神，不是值得我们学习吗？

山东大学王仲荦（音 luò）教授，是文史大家。他在谈自己治学经过的一篇文章中，写了这样一席话："我有一个特点，每处逆境，遇到不称心的时候，我的要诀就是'沉下心来'，和著作接近一点，和外面疏远一点，心就平静下来了，写作也就推进一步了。"

人会有逆境，会有不称心的时候，他的要诀是沉下心来，就是静心读书，向自心寻求。说得多好啊！一个向著作走来，一个向大自然走去，他们都很安心，不焦不躁，怡然自得，还是自己解决自己的问题。这不就是务实吗？

生活中会有各种不可预测的遭遇，以信念渡过大海，以感恩答谢残忍，以宽容克服痛苦，以智慧净化自心，不怨天，不尤人，自己解决自己的问题，这就是务实。

真正的务实，就是随缘、自在、无我、悟空。

从发现到证悟

飞翔，是“习”的本义，习是学的后继与腾飞。学，做的是加法；习，做的是乘法。学，是丰富自己；习，是改变自己，升华自己。学与习，是一个不可分割的、由量变到质变的过程。

现在想学习、正在学习或热爱学习的人可多了，学习当然是好事。不管你是在校学习、在职学习、参加培训班学习、自己在家自学，还是交了钱，带着陪读的老婆，跑到国外去学习，总之，一切学习，最根本的是要“会学习”。

恕我冒昧问一句：有些正在读大学的朋友，或者正在读硕士、博士、博士后的朋友，他们都真的“会学习”吗？我还有一句直言：每天在课室里给学生讲课的教师们，他们都知道教给学生们什么才是“会学习”吗？上面所述，只是一般性地说说。懂得“教育”的教育家，“会学习”的学子们，肯定也是不少的。我提出这个问题，只是希望引起学习者、教书育人者对“会学习”的重视罢了。不解决什么才是“会学习”这道题，能否真正进入学习状态，取得最佳学习效果，恐怕就很难说了。

孔子是中国历史上民办教育第一人，是中国“师文化”的创立者，“子入太庙，每事问”。他为了学礼，说“不学礼，无以立”，于是去问礼于老子。他的虚心求教，真的让我们很感动。

在《史记·孔子世家》中，记载了一则孔子学琴的故事，很给我们以启发，孔子的“会学习”，为我们提供了榜样：

孔子学鼓琴师襄子，十日不进。师襄子曰：“可以益矣。”孔子曰：“丘已习其曲矣，未得其数也。”有间，曰：“已习其数，可以益矣。”孔子曰：“丘未得其志也。”有间，曰：“已习其志，可以益矣。”孔子曰：“丘未得其为人也。”有间，有所穆然深思焉，有所怡然高望而远志焉。曰：“丘得其为人，黯然而黑，几然而长，眼如望羊，如王四国，非文王其谁能为此也！”师襄子辟席再拜，曰：“师盖云《文王操》也。”

孔子向鲁国的（音乐专业教师）师襄子学习弹琴，学了十多天仍止步不进。师襄子说：“可以学习新的内容了。”孔子说：“我虽已熟悉了曲子，但还不合拍，没有真正掌握技巧呢。”过了一些时日，师襄子说：“拍子行了，已经熟悉技巧了，可以学习新的了。”孔子说：“我还没有领会作者的志趣呢。”又过了一些时日，师襄子说：“你已经熟悉作者的志趣了，可以继续往前学新的了。”孔子说：“不行呀，我还没有理解乐曲作者的为人呢。”再过了一些时日，孔子时而默然沉思，时而心旷神怡，高瞻远望，神色昂扬，他说：“我悟得乐曲的这位作者了，他是一个皮肤深黑，高个儿，眼睛明亮望远，如同威临四方的王者，若不是周文王，还有谁能作这样的乐曲呢！”师襄子一听，大为折服，立即离席而拜，说："我的老师正是说这首乐曲叫作《文王操》啊，正是文王所作名曲呢。"

学琴，学一支乐曲，不仅是学会这支曲谱，会弹出来，还要知曲，由节奏韵律去思考此曲的情绪、情操、情志，进而知人、知其为人、知其气度胸怀……

孔子学习得如此认真，如此对待学习的态度和深入下去的种种思考，都一一转化为他的悟，转化为他的"会"（领会、意会），转化为他的发现了。这不是别人给他的，是他自己去发现的，是他自己的证悟，是他自己的"自觉"，这就叫会学习。

懂得学习，又会学习，这可不简单。

学，是由不懂到懂，由不知到知，由不会到会（领会、意会），这是一个增加、积累、向上提升、提高，由量变到质变的过程。"习"，就更不简单了。"习"不仅仅指复习、温习、重复，变成习惯、习染、习俗。在《说文》一书中，"习"正解为"鸟数飞也"。这个"数"，不是指鸟飞的次数。数是屡屡、一再、不停。鸟为什么要屡屡地飞、一再地飞、不停地飞、因为鸟一发现情况，实时飞起，它知道来回盘旋，以选择安全处停歇聚集。这是鸟的灵敏，不停留在原地、原处，而是向前、向上、起飞了，知时进退，飞其所当飞，止其所当止。所以，"学而时习之"一语中，"学"是前提，"而"解作"能"，能够。振翅飞翔，向上向远。因为学得好、会学习，才能待时飞翔、乘时飞翔。飞翔，即是"习"的本义。

《论语·阳货篇》中说"性相近也，习相远也"，人性本来相近，学，大家都在学，本来也很相近；但是，习，起飞了，乘时飞翔了，那才"相远"，相互距离拉开了。可见，习是学的前瞻、学的必然、学的后继与腾飞。用一个比喻来说：学，做的是加法；习，做的是乘法。学，是丰富自己；习，是改变自己，升华自己。学与习，是一个不可分割的、由量变到质变的过程。上述孔子学琴的故事，不正是最生动的证明吗？

学诗学礼，以言以立

自私、自我，是不是一种富贵病？闪辞族、啃老族，隐藏在这些新名词背后的是否也是一种富贵病呢？大国崛起的“大”，大在心灵之外吗？能不能治一下这些当代的富贵病呢？

服务精神、运载能力与奉献精神，本质上是一种大爱。

大爱，是忠、孝、仁、义等德之目的源泉。一个人，对他人、对一切生命充满爱，人格才高尚，器量才宽宏，行为才端正，社会才和谐，国与国之间才友好和睦。这种大爱，由关心自己到关心别人，由关心家庭到关心社会、关心国家、关心全人类，这才是人的良知本性。良知丧失、本性泯灭，很可能正是许多社会不幸、社会悲剧的真正源头。

一个人，没有爱的天性，没有爱的情操与修养，他还怎么立身于社会呢？

谈到爱，当然不是私爱，更不是溺爱。这里，我想说一则古代就有的“富贵病”的故事：

宋神宗的姐姐长公主生了一个美丽的女儿，从小娇生惯养，却身体虚弱，常常生病。七岁时生了一场重病，脸色苍白，吃不下东西，整天躺着，说话有气无力，下不了床。请了几位御医，治了好久也治不好。

后来一位大臣推荐了山东名医来为她治病。经过检查、观察（中医称为望、闻、问、切），名医说："这孩子得的是富贵病，父母不下决心去除溺爱，那就无法治。"

长公主说："从来没听说过这种病。"

名医："您太宠爱这个孩子，因此她才得了这种重病。她从小三餐山珍海味，吃最好的不算，您还给她吃人参、鹿茸、燕窝，是不是？"

长公主："是呀。孩子虚弱，才给她多吃补品呀。"

名医："你们不让她跟同龄小孩子一起跑跑跳跳，从不让她在户外活动，对吗？"

长公主："她很娇嫩，让她出去乱跑乱跳，摔伤了怎么办呀？"

名医："天气初凉，还不太冷，你们就给她穿上丝绵袄、貂皮大衣，比别人都穿得多。"

长公主："她孱弱，天性怕风、怕冷，能不给她多穿一些吗？"

名医："三餐之外，又长期给她吃补品，她消化不良，肠胃受伤，就不能再吃东西。她不运动，穿太暖，体质就更差。这种富贵病，光靠吃药永远治不好。"

长公主："这怎么办？我只有这一个宝贝女儿，你不替我治好不行呀。"

名医："治好可以，但要很长一段时间，三个月初见成效，半年大有好转，一年之后，才能康复。关键是完全改变生活习惯。老百姓俗语说：'若要小儿安，须带三分饥与寒。'农民的孩子永远也不会得这种病。你交给我治，舍得吗？"

长公主无奈，终于下了决心，放手让名医给女儿治病。三个月之后，饮食正常了。半年后能跑跑跳跳，到庭院里游戏了。一年后一切正常，完全康复了。他怎么医的？拒绝骄奢淫逸（淫，作“过度”解），不再养尊处优，告别营养过剩，像正常人那样生活，这种富贵病自然就消失了。

这是约一千年前的故事了。我们今天的“富贵病”还少吗？不富而贵、富而丑陋的病兆、病征，随处可见。

湖南省长沙市一名10岁男童，因不慎将家中电动车丢失，怕被父亲斥骂，从33层高的大厦顶楼跳下身亡。

昆明市一名裸男，早上8时许，手抱一个矿泉水桶，在一条繁忙的行车天桥上狂奔，吸引路人驻足围观。

继“中国式过马路”之后，“中国式接孩子”又成热门话题。内地学校一到放学时间，大批家长开着二轮、三轮或四轮车，到学校门口等待接孩子回家。人群之众、秩序之乱，恍如集贸市场。

在北京市海淀区，有冷血的父亲，经配对成功后，却拒绝捐出骨髓拯救患有白血病的五岁儿子，终让儿子病逝。

广西一名19岁少年驾驶一辆黄色改装轿车，在南宁市将横过马路的60岁老妇撞飞约20米，致其当场死亡。肇事后，少年继续向前驾驶两百多米后弃车逃逸。他在微博上公开道歉，称自己年纪小，怕路人围殴或伤害他才会逃离。又称自己并没有飙车，希望大家相信并原谅他。

湖北省武汉市有奶茶店店主自己爆料，街上多数奶茶店所冲制的奶茶，其实是由奶精和果味粉调制而成，根本不含奶与茶。一杯奶茶成本约1元人民币，却以高至十多元的价格出售。有营养专家指出，奶精中所含反式脂肪酸含有重金属，对人体有害，容易导致冠心病、糖尿病及癌症，或造成不孕不育。

在内地出现大量“90后”成“闪辞族”。据权威人力资源调查机构的数据显示，90后员工离职率整体偏高，达30%以上，通常做不到3个月，便辞职走人。原因主要是嫌工资低、工作内容无聊、想转行、工作氛围不理想等等。有职场专家建议，年轻人要学会适应环境，目光应放长远一点，千万别做摇摆不定的“闪辞族”。

好了，上述新闻仅是同一日报上所载。电动车丢了，可以寻找，可以报警，有错改错呀。受不了责骂，经不起挫折，一死了之，这是不是被溺爱后的富贵病呢？

在公共场所表演的裸男裸女，曰行为艺术，艺术就不顾羞耻、不讲羞耻了吗？

“中国式过马路”世人早有议论，“中国式接孩子”为什么成了热门话题？能上学的孩子，就不能自己回家了吗？这问题不在孩子，而在家长，怕拐卖、怕绑架、怕失踪，这又是另一种形式的“富贵病”。

救人要紧。捐出骨髓，救助亲生孩子，理所当然。他却只爱自己，自私到亲生孩子也不顾，他还会顾别人、爱别人吗？这种冷漠，简直比动物更不如。

驾驶轿车撞死无辜老人，不承担责任，不施予救助，不怕别人死亡，怕的是自己被人发现、被人围殴，还以怕别人伤害自己为由，似乎逃跑有理。做人要讲担当，他担当了什么？别人的性命不重要，推卸自己的罪责才重要，他还有一点做人的责任感吗？这样的自私、自我，是不是一种富贵病？

类似奶茶的骗钱伎俩，报道绝不鲜见。有毒奶，地沟油，含生长激素与过量化肥、农药的蔬菜、水果，等等，因为吃了这些食品，而导致女婴发育畸形，一个4岁的小女孩就出现第二性征、性早熟，这是不是太可怕？

闪辞族、啃老族，这些新名词真吓人。隐藏在其背后的是否也是一种富贵病呢？心灵的脆弱，多么不堪。大国崛起，大国的“大”，大在心灵之外吗？

1000年前的富贵病，是生在宫廷里，生在皇家庭院。而上述诸例，发生在社会基层，在普通人、年轻人、孩子们之中。读完这一天中的几则“新闻”，我们的“富贵病”病在何处，还不清楚吗？这个“病”揭示的是什么？我们失去的是什么，还不清楚吗？请看看这些“富贵病”的病患者：他们是“人”，但是，他们有“魂”吗？他们的“魂”是什么？

“魂”，在人的精神层面、人格层面，是向重德、尚义、守法、合群、爱人的方向走去，还是向自私、自我、任性、唯我、无法无天走去？这是每个人都不能回避的。我们从小就讲“德、智、体、美”全面培养、全面发展，阿弥陀佛，上述一天中报道的当代“富贵病”，哪一条是德、是智、是体、是美？我们的全面教育、全面培养体现在哪里？

我们能不能治一下这种当代的富贵病呢？对那些悖理伤道、令人忧愤的事，执有司之职、为官为仆者，能视而不见、置若罔闻吗？民族振兴、中华崛起，从哪里振兴？从哪里崛起？如果做人没有道德基础，不讲精神构建，没有人文修养，我们从何振兴？如何崛起？孔子告诉他的儿子鲤：“不学诗，无以言；不学礼，无以立。”学诗，言谈有据，出口成章；学礼，懂礼仪，行为有规范，才能立身做人。思想品德教育，可是我们的命根子啊。

离苦，自能得乐

人生本苦，最根本的二苦即外苦、内苦。那么，有财富就会快乐吗？古人早就说过，“心中无缺为富”，真正的富人是心灵的富有，心中无缺、心灵健康，才会有真正的快乐。

自有人类以来的历史，翻开每一页，差不多就是一部血泪斑斑的苦难史。人的存在，实际上就是苦难的存在。我这不是悲观主义，也不是厌世主义，而是指出了苦难的真实和不可逃避。失败者、倒霉者、不幸者固然苦，但胜利者、幸运者、享乐者就不苦吗？佛家讲八苦、十苦、八万四千苦，最根本的二苦即外苦、内苦。外苦，或许可以逃避、可以让开、可以预防；而内苦是任何人也逃不了、让不开的。不管你是穷人、富人、草民、大亨、奴隶、奴隶主、臣下还是皇帝，恐怕都有过内苦的体验，都各有各的内苦。

在香港，问问九十多岁的何鸿燊老爷子，他的四房太太在那里各显奇招、勾心斗角，他在别人的搀扶下要召开记者会，或奔波于法院内外，要亲读声明，要摆平这房和那房，要不伤害任何人，你说他苦不苦？“小甜甜”龚如心，她身拥数百亿家财，如果内心不苦，会认识那位风水师陈振聪，以致身后招来那么多麻烦吗？还有一位乔布斯，把“苹果”手机弄到四五千元一个，可以说是无所不能，但是，他在病痛面前无能为力，你能理解他的内苦吗？从小孩出生的第一声啼哭，到最后的一条路（死路一条），这全过程中的内苦，谁不会体验？谁能说不是事实？佛陀的智慧，就是指出这一事实：人生本苦。

人生有苦，人生也有乐。离苦得乐，说的是出离苦乐，才能真正得到快乐（涅槃之乐）。说富人不快乐，那不是事实，他当然很快乐，但这快乐能持久吗？富人的每一天，都是快乐的吗？如果说财富就等于快乐，富人就一定快乐，那你真的既不了解财富，也不了解富人。

富人的富贵病是比较多的，著名的“三高”（高血压、高血脂、高血糖）恐怕富人就比较多。现在谈健康的学说、书籍、商品广告比比皆是，但真正的健康是心灵的健康。一个人的健康，首先必然表现在情绪上，叫情绪的健康；表现在行为上，叫行为的健康。但归根结底，源头是在心灵的健康。

我们的古人，早就知道这个奥秘了。什么叫“富”？“心中无缺为富”。真正的富人是心灵的富有，心中无缺。有些富人，腰缠万贯，可是头脑空空，心中缺少的太多，能叫“富有”吗？而穷人并不都穷，所以，古人有“人穷志不穷”之语。孔子的学生子贡问孔子说：“贫而无谄，富而无骄，何如？”孔子回答说：“可也。未若贫而乐，富而好礼者也。”这个“贫而乐”就是精神上不贫穷，也可以说贫而不穷。富而好礼，是说富了，能遵守礼的要求，亦即守礼，遵守游戏规则，按游戏规则行事，也就是遵守社会公德，遵守制度文明。这样的人，就是心灵健康的人。孔子特别提到他的学生颜回：“贤哉回也，一箪食，一瓢饮，在陋巷，人不堪其忧，回也不改其乐。贤哉回也。”孔子当然也说到他自己，他说：“饭蔬食，饮水，曲肱而枕之，乐亦在其中矣。不义而富且贵，于我如浮云。”他说得多好啊，我吃的是粗粮，喝的是白开水，弯起胳膊当枕头，快乐也就在这当中啊。用不正当手段而得到的那些富贵，对于我就像天空中的浮云，与我没有任何关系。这是多么高尚的情操和品德，这不正是我们最需要的心灵健康吗？

我想说一个在佛经中记载的佛陀住世时的故事。有一天清晨，佛陀与阿难从灵鹫山出发到王舍城去托钵。途中遇到大风雨，佛陀与阿难在一棵树下避雨，看见树洞中有一堆金光闪闪的东西。两人走近一看，原来是古人埋藏的黄金。佛陀对阿难说：“阿难！你应该把这些东西当作毒蛇看待。”“是的！世尊，这些东西的确像毒蛇般可怕。”阿难回应着世尊。

此时，有位农夫在附近采收农作物，隐隐约约听到佛陀与阿难的对话。他以为树下真的有毒蛇，心想：“我从来没有见过大毒蛇，现在不妨去看看它长什么样子，免得以后不知道它就是毒蛇而被咬伤了。”农夫想着，就走近树下，此时佛陀与阿难已离开了。

农夫小心翼翼地往树洞中一瞧，看见金光闪闪的黄金，马上起了贪念，心想：“如果黄金是毒蛇，我情愿我们全家都被毒蛇所咬，也绝不会有半点埋怨与痛苦。”农夫赶紧将所有的黄金用落叶盖住，遮遮掩掩地带回家分给亲朋好友。

农夫本来贫穷，一夕之间成了大富翁，惹来王宫的注意，怀疑他盗窃了国家的财物。于是国王派人到农夫家问他从哪里得到这些钱，农夫说：“这些钱是我捡到的，我没有偷国家的钱啊！”使者不相信农夫的话，于是将农夫收押到宫里，由国王亲自审问。

国王问农夫：“你老实说，你从什么地方偷来的钱？”“冤枉啊！我没有啊！”农夫很无奈，却不能明说。“你如果再不老实说，我就把你判刑！”“我真的没有偷啊！”农夫百口莫辩。国王见农夫不肯说实话，故意问大臣说：“如果有人欺君，该判什么刑？”“死刑！”大臣回答。“那就判他死刑吧！你的家人都是共犯，也通通关进牢里。”国王无情地宣布。

当农夫被押上刑场时，悲伤、感慨地哭喊着：“阿难尊者啊！这些东西真的是条毒蛇啊！”使者听到农夫说的话，觉得很奇怪，便派人回去报告国王。国王听了，觉得事必有因，决定重审这件案子，于是命使者将农夫带回宫里，再次审问他。农夫便将佛陀与阿难的对话，及自己看到黄金后因一时起了贪心而将它占为己有的事情，一五一十地告诉了国王。

国王听到农夫的真心话，感动得落泪，也对三宝产生了无比的信心。他对农夫说：“你因为世尊的关系而获得这些黄金，然而你将他人之物占为己有，罪不可恕。今天念在世尊的份儿上，我放了你及你的家人，但是你要将这些财宝用以供养佛陀及比丘们。”

农夫回去后，马上备了种种上好的饮食，请佛陀及比丘僧到家中应供。佛陀为他应机说法，农夫闻法后欢喜不已，证了初果。

贪婪，不是真正的富有；贪婪，也不可能成就富有。不贪为宝，无求为富。真正的健康，是心灵的健康。心灵健康，才有真正的快乐。一个心灵健康的人，必然是一个对生活、对生存、对生命都很自觉的人。人能自觉，又能觉他，觉行圆满，这就是佛。

禅与心灵世界

人人都有佛性，人人都有无限的智慧，问题在于我们如何发现自己。

什么是禅?

禅，是梵语“禅那”的简称。译为汉文叫“思维修”，或叫“静虑”，是在一种寂静中的思维状态。这种寂静中的清明澄澈的心境，是一种体验，不是任何语言文字可以说出的。所以“禅”不可说，说出来的，恐怕就不是“禅”了。

但是，“佛法无人说，虽智莫能解。”佛家有一对逻辑上的概念，叫“能说”“所说”。能说，是可以说、已经说的；所说，是没有说，也不可说的。我今天讲的，就是“能说”。“所说”，就要靠大家自己去感知、去体悟了。

谁揭开了心灵奥秘?

人的心灵世界是非常奇妙的。能揭开人的心灵世界奥秘的，到今天为止，只有伟大的佛陀。

有人说，这个世界很复杂。其实，社会不复杂，是人太复杂。人也不复杂，是人的内心太复杂，人的脑子里的念头太多。

念头，不以人的主观意志为转移，你无法控制它。该想的想不出，它不来；不该想的，不请自来，你挡也挡不住。特别是人在面对困惑、矛盾，左右为难、十分尴尬的时候，什么样的念头都会纷至沓来，你排遣不去，越想麻烦越多，越想越找不到出路，叫你吃不下、睡不着。人就这么怪，人做不了自己的主，起码，人做不了自己念头的主。人对自己的念头没有自由。在旁观者的眼里，会认为这个人的念头、想法、行为太离谱、太出格、太不合情理，可是在他本人，他为他的念头所牵引，他认为他那个想法是天经地义的，不可替代，不可动摇，自我感觉良好。

念头有五大特点

念头有五大特点，一是不请自来；二是人自己做不了自己念头的主；三是念头是不断的，前念后念，一个连着一个，层出不穷，除非你睡着了，否则只要醒着，心中就有无数的念头；四是念头往往不合逻辑、不合情理，出乎自己的意料；五是念头既是磁场，又是过滤器。是磁场，有吸附性，能把那些与其相合的有缘的都吸收过来；是过滤器，也就是说，与它不合的，它都过滤掉了。你再好的话、再正确的意见、再善良的愿望，它根本听不进，就因为被它过滤掉了。所以，我们佛家说，佛和凡夫，就在一念之间。一念悟，就是佛；一念迷，就是凡夫。

请看看人的内心

我看到一则电影故事，看得惊心动魄，因为“不敢表白，不敢说出真相”。正因为心里的念头太多，是心乱无主的反映。这也反映了人性的脆弱，人总是在掩盖自己，不肯露出真我。

可是，人一方面不敢面对自我，不敢说出自我；另一方面，又会顽强地表现自我、突出自我。大家可能都知道日本著名的“罗生门的故事”吧。

所以，学术界又归纳出一条定理来，叫“人生不情愿定理”。人生活在不情愿状态之中。你心中所想往往不是口中所说，你口中所说往往也不是心中所想。你心中喜欢的，可能当面要回避。明明知道这是错的，可是嘴里还说对对对。这叫表面接受，内心反抗。心里不情愿，当面总是不得不答应。这就叫“人在江湖，身不由己”。其实呀，是心念不自由，自己做不了自己念头的主。

我想，人类有一个真正的弱点，就是对外部世界力求弄个明明白白，而对自己的内部世界，也就是自己的心灵世界总是含含糊糊、糊里糊涂，至今一无所知。

中国著名物理学家、中国科学院院士、原中国科学技术大学校长、南方科技大学校长朱清时教授，在“饶宗颐教授九十华诞国际学术研讨会”上作了一个很有趣的学术报告，题目是《物理学步入禅境：缘起性空》。

朱教授的学术论文，探讨了当代自然科学的最新成果——弦论与佛家“缘起说”之间的关系。这为理解“心物一元”，即意识和物质的统一开辟了新的途径。过去被认为是组成客观世界的上百种原子，现在都是宇宙弦上的各种“音符”。这样一来，物质不再是客观实在了，只有事物之间的互动和组合关系才是实在的。事物的本身不再是实体，而是一系列潜在因素的因缘和合的结果。同样的因，遇上不同的缘，便会结出不同的果。与此同时，缘会不断地起变化，甚至消失。因缘散尽之时，果亦会消失。换言之：因缘和合而生，因缘散尽而灭。这其实与佛教的“缘起说”基本上一致。看来，以弦论为代表的现代物理学，已步入缘起性空的禅境了。

朱清时教授的这一研究成果对我的启发很大，他把人的意识完全解释清楚了。我们把他的研究成果拿来对照我们人类的心灵世界、心理状态或精神现象来研究，就有许多妙趣和领悟了。

所以，我们先来研究一下人的心灵世界。

弗洛伊德与荣格

现代心理学把人的意识分为两大类，即意识（指清醒的、明了的意识）和无意识（又叫潜意识）。在弗洛伊德看来，清醒明了的意识，只占我们心灵生活的一小部分，其余大部分都是潜意识（或无意识）的活动范畴。潜意识，是潜伏的、隐蔽很深的，不容易进入意识范围的。比如他认为，梦，就是潜意识愿望的一种达成，而人的各种欲望可以被压抑（进入潜意识），但人不能把它消灭。所以在后来，它会以伪装的、变形的、病态的或象征的形式再现出来，这就是潜意识的作用。

据此，弗洛伊德提出的本我、自我、超我和人有生的本能与死的本能，以及俄狄浦斯情结等等，都是从他的潜意识理论来的。

本我，是完全无意识的，属于潜意识部分。是人的所有原始、非理性本能的大本营，本我是欲望无穷，但求满足，冲动起来不择手段。支配本我的是享乐原则、欲望原则。此时，人在自然境界。

自我，是本我的一部分。人出生后，在现实中，由本我发展而来的需求如不能满足，他必须接受现实的限制，学会如何适应现实。这一部分便是个体的意识层次。支配自我的是现实原则、功利原则。此时，人在功利境界。

超我，是自我的一部分。大约在人四五岁左右就发展而成了。它内化了父母权威、学校教育和社会道德。也就是说，超我大部分是无意识。有意识的那一部分就是良心，是道德规范。超我是坚持道德原则的，不能越雷池半步。超我对自我的压迫，就是人的内疚与惭愧。支配超我的是完美原则。此时，人在道德境界。

后来，瑞士的荣格又发展了弗洛伊德的学说，把无意识再分为个体无意识（这是保存了个人曾经经历、思考、感受过或知晓过的各种事物的记忆，后来因为受到打击、压抑或者遗忘，它的存在已经不再被意识到了）和集体无意识（这是一个民族、一个宗族祖祖辈辈积淀下来的，为人类所共有的心理潜藏的基本架构，荣格也把它叫作“原型”。与个人无意识相比，这个集体无意识的层次更深，意义也更大）。存在于无意识中的本能部分，正是人的心理基本动力，可以支配个人的一生，也是他影响社会的动力。外界环境只是一种存在，它必须通过内因起作用，内因就是一个具体的人。无意识，正是一个人的根本内因。

弗洛伊德对“无意识”的发现，无疑是西方心理学一个划时代的伟大成就，尽管它比释迦牟尼的“八识”理论晚了 2500 年。而他的学生和好友荣格，又大大发展了他的理论。

什么是“无意识”？

弗洛伊德认为，无意识有两层含义：一指人的本能或欲望；一指这种本能或欲望是被压抑的。而且弗洛伊德特别强调，这种本能和欲望主要是指性欲。本能欲望的压抑，主要也是性的压抑。因此，性欲和性的压抑所构成的无意识，与人的意识的冲突，正是人类永恒的悲剧性冲突（人生永恒不可克服的矛盾有三种，人生的悲剧也有三种）。这种矛盾的失控、冲突的失控，正是导致人精神疾患的最终根源。而西方的精神分析学说，西方的精神治疗理论，就是要把压抑的性意识上升到意识的层面上来，恢复两者的平衡，化无意识为意识，人的精神疾患就得救了。

而荣格不同。

荣格认为，弗洛伊德把“无意识”简单化了。无意识并不等于性欲的压抑，性欲只是人的欲望之一，人有多种欲望。荣格把人的欲望统称为“生命力”。在弗洛伊德那里，性欲与本能，被称为力必多（Libido），荣格把 Libido 称为是人的生命力，它在本质上是一种能转化为心理能的物理能。它正是源于人对营养（生命资养）的需要。

弗洛伊德认为，人类文明的发展就建立在人对性的压抑之上；而荣格认为，人类的文明发展（人的进化、人的人格系统的发展）主要是人的生命力（Libido）的引导和分配。

事实上，弗洛伊德和荣格的这些研究、这些理论贡献，在佛家早就说清楚了，这就是“人依四食而住”的佛陀的发现。

再继续说弗洛伊德，他所提出来的“无意识”，在荣格看来仅仅是人的“个体无意识”。这只是无意识表层的东西。荣格发现，在“个体无意识”的后面，还存在一个更深、更广、更隐秘也更可怕的东西，那就是“集体无意识”。

说荣格大大发展了弗洛伊德的理论，就是在这里。因为“集体无意识”才是荣格理论的基石。他的全部理论，都建基于此。

集体无意识，是指人类存在以来，甚至可以说，自有机体存在以来，所有生命活动的一切心理积淀，它通过种族遗传的方式，一代代传了下来。集体无意识正是一种先天的精神模式，它几乎支配着、规范着人的一切心理活动和精神活动。荣格认为，集体无意识是人类精神的贮藏库。弗洛伊德说这是黑暗的深渊，荣格却说这是人的智慧的真正源泉。佛也说过类似的话：无始时来界，一切法等依，由此生诸趣，即涅槃证得。

荣格解释“集体无意识”，说它有两个特点：一是先天遗留下来的，是一种遗传的心理模式。后天只是一个显示的问题。人无法摆脱它、超越它（禅正是摆脱它、超越它的方法）。二是普遍性，它是一种“类”的精神结构，个体普遍处在它的阴影笼罩之下。所以荣格又把这种集体无意识叫作“原型”，叫“原始意象”。他把集体无意识的研究，延伸到了人类精神的所有领域，也包括巫术、神话、宗教、星相术、梦幻等神秘的领域。

弗洛伊德的理论将无意识界定为人的本能欲望，把 Libido 作为一种性的冲动，这还是停留在人的生理层次上。而荣格揭示出的集体无意识，就不是人的生理机制，而是人的心理机制，是人类历史因素、文化因素的积淀，这就把人和动物区分开来了。原型，作为人类历史、文化积淀的一种信息密码被保留在人的心灵世界。

尽管弗洛伊德和荣格对现代心理分析学说贡献很大，被精神科医学、心理学、文学创作与文学批评、哲学、社会学、人类学、犯罪学、教育学都视为必须涉猎的一门科学，但是它远远没有达到佛学对人的心灵世界的认识水平。真正揭开心灵奥秘的是伟大的佛陀。

在佛教博大精深的理论体系中，把人的意识归纳为四种状态：

一、明了意识，也叫显意识。在佛家的八识理论中，这是第六识的一种状态，有“了别”作用，也就是人通过自己的感觉器官，对外界客观事物进行识别，即由眼耳鼻舌身意，分别对色声香味触法进行识别。最显著的特点，就是能感觉和思维，有推理、判断、联想、想象、回忆、分析、归纳等多种功能。这也就是我们常说的最清醒的头脑，最佳的思维状态。

二、散乱意识。这有两种现象：一是精力不集中，注意力不集中，昏昏沉沉，迷迷糊糊（佛家叫“昏沉”“掉举”），人在疲劳、心事重重、思想包袱很重或想得入迷的时候，外面开炮、响雷他也不知道，这时，思维不能形成焦点，在迷糊的、似睡非睡的状态；二是虽然迷迷糊糊、昏昏沉沉，但心中还是清楚的，只不过漫不经心而已，思维处于半休眠状态。这时候，逻辑的理智成分减弱了。也就是佛家所说的第七识——末那识（也叫“自我意识”）放松了。一些潜藏在第八识（阿赖耶识）中的“种子”会逸出，放了出来，进入散乱意识的朦胧之中，有些一掠而过、转瞬即逝，你并不留意，什么也没留下，有些却能够惊醒意识。特别是那些日常生活中没有的，在我们的经验之外的“种子”的浮现，它能让我们感到很吃惊、很惊奇，它打破了我们长期受到局限的认知领域，带有某种创意，或者新奇感。一些思维灵敏的人，比如艺术家、诗人、导演，或者科学家、发明家，往往就会及时抓住、捕捉住，即使在朦胧之中，也不会轻易放过。这就是利用散乱意识状态，捕获了突如其来的某些灵感（inspiration），抓住、获得了某些转瞬即逝、不合常理、超越常规的新的思路或新的角度。这个奥秘被佛家发现了。

三、睡眠意识。睡眠不是死亡，意识还是存在的，只不过潜沉下去了，人在睡眠之中没有发现它。这是无梦睡眠，是意识的暂时沉寂。所以，对劳累了一天的人来说，这是一种休息。对痛苦的人来说，这是一种暂时的解脱。它对显意识（明了意识）起到一种休眠和保养的作用。所以睡眠具有一种医疗、康复的良好作用，只要睡着了就好。但有梦睡眠就不同了，就大有学问了。有梦，说明在梦中人的意识也在活动。这种梦中意识与上述散乱意识不同的是：理智的、逻辑的成分更弱了，控制和影响理智活动（了别意识）的末那识就更弱了，更加放松了。人似乎失去了自主能力，因此，失去了第七识的控制、干预，梦中意识就比散乱意识更自由、更大胆了。这时，那些潜藏在阿赖耶识深处的（比散乱意识更深得多的）“种子”，就能悄悄散逸出来，得以浮现。这些种子，就是深藏在阿赖耶识中的业力的信息。多数是过去时的，少量是现在时和未来时的。由于理智的减弱，自我意识控制的减弱，这些“种子”所带来的梦，往往是大胆的、自由的，平时自己不敢想、不敢为、不能为、不可为的许多事，都可以在梦中得到实现（发泄、兑现、了愿，甚至是异想天开的奇迹）。以情为主的梦，深藏已久的、被压抑的情和欲望，也都会在梦中肆无忌惮地展开。以境为主的梦，常常会走进一个既熟悉又陌生、似经历又似未经历的自然环境或人事环境之中，会来到熟悉的地方，见到熟悉的人，往事再现。有少量的梦，是未来“种子”的浮现，这是未来信息的一种超前显现，甚至在以后的生活中还会得到印证。这就给人带来更大的惊讶，于是就有人对此进行预测、分析和研究，那位弗洛伊德就是其中著名的一位，他只知道潜意识，却不知道佛家的阿赖耶识关于“种子”的学说，是如此严密、精确而又清晰，其实弗洛伊德和荣格、弗洛姆，他们的心理分析中许多难解的问题，佛家的法相唯识学说早就解答了。

在科学领域，那位化学家凯库勒在梦中发现了苯分子的化学链（原子结构），俄国的门捷列夫在梦中发现了元素周期表，这是人所共知的。还有的音乐家在梦中作曲，找到了他白天解决不了的乐谱。

当然，也有不少人虽有业力“信息”的种子，但从梦中或散乱意识中一掠而过，没有留下任何印象。这种现象，在佛家叫“刹那灭”，它与你因缘不够，是“无记”的，没有果报作用，也就失之交臂、人所不知了。（佛教对于梦中意识，打破了常规的时空观念，让事物破碎、分解，再重新拼装组合，还有许多深刻的研究，这里就不再涉及了。）

谈到过去、现在、未来，也就不能不谈到时间。现代科学已经证明：时间只是人类的一种错觉。现代物理学中的相对论也得出了同样的结论：绝对的空间和绝对的时间并不存在。时间和空间只有具备事物才存在。即，它们是知觉的形式。（以上这段话，是查尔斯·施泰因梅茨 1923 年在美国斯克内克塔迪“唯一神教”教堂的演讲词。他是一位最讲实际的科学家。他也接受了康德的认识论。）所以，有人在评价康德时，说他的伟大之处，在于一劳永逸地证明了：外部世界是作为感觉被人们认识的。（这和笛卡尔的“我思故我在”完全一致。）心灵不是一张白纸，不是被动地接受感觉的牺牲品，而是一种积极的决定性媒介，拥有对经验进行选择、整理的能力。

四、定中意识，也叫禅定意识。禅定，也叫三摩地、金刚三昧、楞严大定。这对不了解佛学的人来说，的确太陌生了。其实，定中意识，我们略作分析，也并非不了解、不熟悉，只不过多数人未能留意，未能深入研究罢了。所谓定，首先是稳定、安定、确定、镇定、坚定。我们从世俗的角度来看：（一）定是一种高度集中的注意力，精力专注于一点，不受外界的任何干扰，使意识状态保持稳定、安定，毫不散乱，毫不昏沉。有了这种定力，临大事而不乱方寸，泰山崩于前而色不变，安之若定，这就是一种最佳的思维质量。这样的人，才是真正卓越的人。我这里想说的是，人的一切能力中，最宝贵、最杰出、最难做到的就是定力。佛家最强调定力。因为以定对治一切颠倒、迷乱。最大的对治是：八风吹不动。为什么叫“八风”？因为最能煽动人心、蛊惑人心、动摇人心。哪“八风”？利、衰、毁、誉、称、讥、苦、乐，四顺、四逆，最为世人所爱所憎。爱和憎都是情。以情动人，力量大矣哉。定的伟大就是能对治情。（二）定是认识确定以后的信念，稳固而不动摇，这也是一种极为重要的思维质量。（三）定是意念力的坚定，是意志的唯一选择，确定意志的方向，是气魄、魄力、雄心壮志的源泉。这固然不是常人所能达到的，但从佛教的“定学”（禅学）来看，决不止这些，这些只是浅层次的，并没有真正达到“定”的本质、“禅”的本质。

达到禅的境界，就是意识对时间、空间运动的停止，或“冻结”。本来，定，是相对于动而言。动，指意识动。现在意识停止运动了，这才是定。禅宗常说：“言语道断，心行处灭。”言语道，就是心行处，就是意识流，就是思维的轨迹，也就是“心行”的轨迹。一句话，就是思维活动、意识活动。现在，要它中止、停住、止息、断灭，毫无动念，叫“一念不生”，这才是“定”。能够达到这种状态，就叫“入定”。可是，不经锻炼，或者不作禅修的人，是不可能做到的。我们凡夫俗子，心念无穷，想排除也排除不了，头脑根本不听指挥。那些练气功的人，也常说“怎么老是静不下来呢”。可是，定，谈何容易？这不像一辆开动的汽车或火车，踩一下刹车，或拉紧控制阀，就可把车子停下来。人的意识要复杂得多。第六意识，做不了自己的主，它的主人是第七意识（末那识），这是第六意识活动的原动力。可见，人的意识，不论处在哪一种状态（明了位，散心位，睡眠位，甚至禅定位），末那识都不会老实、安分，都要在暗中发挥它的主宰作用、控制作用。所以我常说，我们要改造自己，实际上就是改造自己的末那识（自我意识）。佛家的禅，就是改造末那识，转变末那识。

人在入定的初始阶段，可能出现两种情况，一种是心境的互动，即意识不可能止如死水，仍然会有活动，只不过会慢慢让这种活动停息下来、静止下来。第二种是阿赖耶识中的“种子”也会浮现出来，对“定”进行干扰。如果没有入定，随着念头的起伏，会有意识地活动。如果进入“禅定”了，那些“种子”——念头，你任它来来去去，意识并不随它展开活动，那也可以算是得定了。这如同你在大街上走过，虽然眼、耳接触到各种境象，但没有引起你的注意，没有留在心上，没有带动你的想法。所以禅定意识的初始阶段，是有境有象的，只是意识静止了，不动心而已。一动心念，禅定就失败了。

由此可知，禅定意识，不是没有意识，而是一种超强度的、高能量的清醒意识、明了意识。定力越深，禅定功夫越深，你接受的信息就越远。你就更能自由地深入阿赖耶识，去打开宇宙、人生的那个信息宝库。所谓四禅八定、五眼六通（通三世、阅古今的宿命通），只不过是深入禅定后的一种副产品而已。在禅定中，意识就更如天马行空，驰骋于时空隧道而任来任去，自在无碍。

禅，是把本体与现象统一起来了。本体，即不生不灭、不增不减，它是一种永恒不变的绝对清净状态。用一个字去表述，就是“净”或“静”。现象，即万事万物、万有存在，一切有生有灭，发展变化，诸行无常，它是一种变动不居的相对恒动状态。用一个字去表达，就是“染”或“动”。对于一个禅者来说，他的“禅观”“禅修”“禅定”“禅思”“禅悟”，是止息人的思维，超越一切现象之动，达到本体的“静”。能理解这一要求，理解这一“禅”的必修功课，就是一种悟。但这悟，不是从言语、文字来，也不从思维来，因为这不是理悟，必须是自心的证悟，也即：你自身在动之中，你如何超越动？你的最佳方法是从动中证得静的体性，这种证悟，是静不离动，静在动之中。能观静于动，再达致自心的心不逐物、心不随境，这就真的超越一切现象之动了。所以，静、动，都不在表面的、现象的静动之相上。这与“相”无关，而在心之住与不住。心生无住、无所住心，即是静，即是真清净。

《坛经》中说：“真如自性起念，六根虽有见闻觉知，不染万境，而真性常自在。”（《定慧品第四》）又云：“但净本心，使六识出六门，于六尘中无染无杂，来去自由，通用无滞，即是般若三昧。”（《般若品第二》）比如，看到一个有手有脚又能言语的，我们就想到他是人。看到其相貌、体态、着装打扮，我们又想到他是男人或者女人、老者或者小孩。这是自然而起的心念，不会断，也无须断。假如再生起这个人的美丑、善恶等念头，这就是赋予了情感、判定等评价，有了是非观念，这就违背了“心不逐物”的要求了，必须断掉。故《坛经》云：“但见一切人时，不见人之是非善恶过患，即是自性不动。”（《坐禅品第五》）

所以，禅定是一种精神的超能量状态，进入这个状态，就能获得常态下五蕴、六根六尘六识（十八界）所不可能达到的境界。达到“无念”、一念不生的精神的本元状态。但是，我们再做一次探讨，这种无念，实际上也是一种念，而且是一种更为巨大的念头，它是一种没有任何具体内容的念头。这种状态就是“净”，就是“不染不着”，它的性能就是“觉”。达到“觉”，于是不迷，就能洞悉一切，明澈一切，贯通朗照一切。其实，一个很有理性的人，有自省思维习惯的人，都有这样的体验：一旦处于矛盾之中，每有所思，心灵深处就会有一个声音，在提示自己：行，或不行；对，或不对。心灵深处的这个判断、这个提示，会让我们变得更理性，保持一种稳当、得体，免于陷入危困，这就是一种“本能”

的觉。本能之觉强的人，妄念就少，自控力也强。本能之觉弱的人，妄念太多，自控力很差，就容易迷误。可惜的是，我们没有懂得佛学，没有进入佛教的修持，不能把这个本能的“觉”，变为如意自在的、通向解脱的那种“自觉”。——有如大海，上面是波涛汹涌的潮水一般的念头，而这些无穷无尽的、奔腾不息的念头，却掩盖了、遮挡了波涛下面那永恒的宁静，当然更不知去开发其中巨大的、无限的潜能了。这潜能，正是我们人类心理的潜能，精神的潜能，人类智慧的潜能。

禅，就是让我们打开这潜能，发现这潜能，解放这潜能。

人人都有佛性，人人都有无限的智慧，问题在于我们如何发现自己。

附文一：什么是“末那识”和“阿赖耶识?

中国佛教的心性学说，是十分丰富的。“心”的学问，太大了。唯识学说，只是佛家关于“心”的学问的其中一个部分。佛教，从本质上来说，就是心灵的教育。

末那识，又称“第七识”。在唯识论的八识中，前六识是眼、耳、鼻、舌、身、意。意，就是第六识（前六识是认识功能）。

末那识，用今天的话讲，就是顽强的“自我意识”。末那，是古梵语，译为汉文是“思量”（作意），唯识学称为“恒审思量”，意为无时无刻不在对自己这个存在，包括生命的、精神的方方面面进行审视、检查、监督和管理。所以，它是“我执”“法执”的根本。它不像前六识（了别、判断、理智的认识等）还有懈怠、昏沉、睡眠或休克、失念之时，它任何时候都是尽职尽责的守护神。人在睡熟之中，人在昏迷之中，它都在工作。人的生命并不因为理智、感觉、感知的失去而失去。植物人、老年痴呆症患者，不照样还能度过许多春秋吗？末那识与第六识的根本区别是：第六识是纯理智的认识，而第七识则不具备这种能力，它的最大能力，就是控制第六识，由它来区分“我”与“非我”。五蕴之身，仅是阿赖耶识的延伸和“变相”，而末那识偏要割裂阿赖耶识这种整体的统一性，把五蕴之身以外的世界排斥在外，认为是“非我”。

由于阿赖耶识整体统一性的力量，同样影响着末那识，而前六识的全部认识功能，又为末那识所驱使，所以，末那识不停地对外部世界进行占有，将其变为“我”的世界。这样，末那识就进入它难以自拔的困境了，一方面，它本能地把世界排斥在“我”之外；另一方面，它又要把世界本能地占为“我所有”。正如黑格尔所说：“生命的存在就是不断地把外在变成内在，又把内在变成外在的持续过程。失去这个过程，也就失去了生命。”宇宙万物，各不相同，原因就在于各有各的个性。末那识是人的生命精神中的“自性”、本能、自我意识，它的根本功能就是“我”！（我们的心理学讲认识、理性、知觉、记忆、表象、想象、思维，实际上都停留在前六识上，而人的动机、欲望、需求、情感、气质、个性、人和人不同的素质，这些纯心理现象，才是第七识的本分事和职能，可惜不为人所知。）

唯识学又把末那识叫作“染污识”，可想而知，它染污了前六识，我们的无明、颠倒、蒙喳喳、孽海情天、贪嗔痴慢、勾心斗角、犯罪作恶、疯狂野性，无不来自这个末那识。（当然，末那识也不能说一点好处都没有，这里只是强调了它的本质特征。）

阿赖耶识又叫“藏识”，这是一切众生的根本心识，也是世界、生命、精神、认知的根本依据。眼、耳、鼻、舌、身、意、末那，这七种识，都由阿赖耶识而产生，也是它的内容和组成部分。可以说，前七识是阿赖耶识的变相，是它的存在形态。阿赖耶识，既是藏识、异熟识（果报），又是“一切种”。它的内容，涵盖了人生、宇宙的一切，涵盖了人的全部精神和认识（要讲清它，不是几百万字能说清的，这是唯识学的一门学科）。科学发展到今天，阿赖耶识已得到越来越多的证明。

用现代术语来说，它是我们面对的一切已知和未知的世界，是宇宙大爆炸前的那一瞬间的存在，也是宇宙大爆炸以后在理论中推导和描述的那个“黑洞”。

用遗传学术语来说，它是遗传基因的密码。

用荣格的心理分析学说，它是包括原型、自性、个性化、个人无意识、集体无意识都在内的“无意识”。

但这一切，只是近似，仍然不能完全说明这个阿赖耶识。因为它不仅具有物质的、生命的生物属性，还具有人类特有的社会属性（几乎就是马克思所说的一切自然关系和一切社会关系的总和）。从自然属性来说，它就是本能；从社会属性来说，这个“种子”，就是关系到人的道德品行、人事因缘、一生机遇走向的那个“本性难移”的独特的本质。它一头连着佛国净土（有成佛之因），一头连着饿鬼地狱（有作恶生祸的无明），所以阿赖耶识本身具备了空间的多维性、多层次性和时间的无限性，更包括了空间（内容）的无穷无尽，它是本体宇宙和现象宇宙的统一。

“无始时来界，一切法等依。由此有诸趣，即涅槃证得。”从《阿毗达摩论》（《对法论》）中的这四句偈，著名的学者冯学成先生说：“佛教是一部涉及各种层次、各种发展阶段的全部宇宙生命的精神现象学。”我想这是有道理、有根据的。

附文二：禅与心理分析

一、从弗洛伊德到荣格、弗洛姆：心理分析学说的发展脉络

关于意识与无意识，弗洛伊德是这样区分的。

他认为，意识，是一个人外显的、清清楚楚的、有体验的主观状态，而无意识是一个人内隐的、他所没有察觉到也没有体验的那一部分主观状态。他认为，意识是理性的，是人格的一部分。而无意识，是非理性的，是人格的另一部分。

他的学生荣格则不同。荣格认为，意识是人的知性的部分，无意识则是智慧的最深渊源。他用一个形象化的比喻来说明：无意识好比一个房子里的地窖，房子上层无法存放的东西，都放在地窖里。弗洛伊德说，地窖里储藏的是本能，是欲望，是罪恶。而荣格说，地窖里储藏的是人的智慧。

弗洛姆又大大发展了他们。他认为，无意识既不是善，也不是恶，既非理性，亦非非理性，两者都是，两者都不是，它是真正的人性的总汇。无意识是整个的人减去那与他的社会相符的部分。意识代表了社会的人和人所受到的历史性、时代性的种种限制。无意识则代表了普遍的人性，这个人性不是我们今天所讲的社会性的人性，而是宇宙性的人性，也就是说，这是一个真正的、完整的人，这个人的根在宇宙之中。无意识代

表了包括他之内的宇宙万事万物，代表了人类的过去和未来。人要变为充分的人类，就是自然的人性化和人的自然化。

弗洛姆的最大贡献是，他指出，意识只代表由社会模式所模造的那一小部分经验，而无意识才代表了四海皆同的人之富源与深度。在弗洛伊德那里被抑制的本能、欲望、冲动，都在无意识之中，由于它们与社会文明不相合，所以，他力求把无意识变为意识。

而荣格不是，弗洛姆也不是。弗洛姆说，由于这种抑制，“我”成了一个偶然的、社会的人，同原来整个的人性的人被分割开来了，“我”成了自己的陌生人。他认为，科学、工艺各方面的成就，强调智力，强调知识，我们只有记忆，只有思想，而没有了内在的体验，因为被语言、文字种种知性的东西取代了体验。这正是人们不能看到事实真相，大部分人在他的意识中所具有的都是虚妄不实的幻象的原因。

二、东方的禅与西方的心理分析

西方讲心理分析，东方讲禅。西方致力于变圆为方，或变方为圆。而禅，圆就是圆，方就是方，但同时方也是圆，圆也是方。

当生活中有一种现象，无法以物理学或化学、或其他科学来作出解释，或者无法运用现有的概念、词语来作出说明时，西方叫作“不确定性原理”或“测不准原理”，而禅，就是“不可说，不可说”，或曰“不思议”。

西方讲道，讲形而上学。禅讲的是道即非道（The word is no word），无言，一心不乱，沉默响彻如雷。

西方看花，是从外面来看。而禅是走进花的内部世界，从花的里面来看花。

西方喜欢讲客观，竭力避免主观，他们认为只有客观才是真理，才是真实，而主观不可靠，不足为凭。而禅认为，人是过着一个人的生活，人不是过被概念或科学所界定的生活。主观、客观，不是人本身。人要从自我的内在来认识自己、知道自己。前者要把对象从自己分开，而禅是完全同它合一。

西方人习惯说：我们是用脑子来思考的。禅说：不，我们是用生命的整体来思考的。

西方认为有限为有限，无限为无限。而禅认为有限就是无限。因为有限建筑在无限的基础之上，没有后者，前者就没有立足之处。

心理分析是探索人心中的一种黑暗的力量；禅是要解放出人心中的那种黑暗的力量。

心理分析是一种用于精神疾患的治疗方法；禅是用于拯救精神、解放精神的道路。

心理分析是一种科学方法；禅是一种体验，只有有这种体验的人，才能感知这种体验。对于没有这种体验的人，就是不可说。

禅既是一种体验，它当然与知识、知性无关。

我们可以先注意一下弗洛伊德学派的研究。他认为，人的明了意识，并不代表一个完整的人，而无意识才代表了一个完整的、整个的人。因为意识（即明了意识）只代表社会的人，代表了人生活于具体的历史环境中的种种限制、种种局限性。而无意识，才代表了普遍的人性，代表了整个的人。因为无意识是整个的人——减去那与他的社会性相符的部分。在弗洛伊德学派看来，无意识包含了人的一切光明与黑暗的潜在性。人对生活、生存、生命……一切问题的种种不同答案，其根基都在无意识之中。

弗洛姆说，个人在社会生活中，不允许自己察觉与他的文化模式不相合的思想与情感，因此，他必须抑制它们，这就是意识。可是，一旦被抑制，那些代表黑暗的力量就不再被当事者意识到了（更加沉埋下去了）。

然而，人，不论身处何种文化，他自身之内，都具备着一切潜在的可能性。难怪西方说，人，一半是天使，一半是恶魔。（人既是原始人，是生物的人，是兽类；人又具有理性、爱与正义。）那么，无意识的内容，就既不是善，也不是恶，既非理性，亦非非理性，两者都不是，两者又都是，“它是一切人性的总汇”。所以说，意识代表了社会的人，而无意识才代表了整个的人——“这个人的根是在宇宙中”。弗洛姆说得更好：“无意识代表着他之内的植物，他之内的动物，他之内的精神；它代表了他的往日，直至人类的曙光初现；并代表着他的未来，直至他将变为充分的人类。那时自然将人性化，而人亦将自然化。”

弗洛伊德和他的西方心理分析学派，一直要做的就是把无意识变为意识（即解除人对自身的抑制）。

弗洛姆又说：“由于意识只代表由社会模式所模造的那一小部分经验，而无意识则代表了四海皆同的人所潜藏的富源与深度，因此，抑制状态会导致这样的结果，即是：我，这个偶然的、社会的人，同我整个的人性的人，被分开了（抑制，就是疏离）。我对自己是陌生人（正如同每个人都成了我的陌生人一样）。我从那人本有的人性经验的巨大领域被切断了，我只是人的一片碎片。”

这个“碎片”碎到什么程度呢？一是人只体验到自身之内和他人之内很小的一部分。二是由于抑制，人产生了“头脑化作用”（Cerebration），这种作用使体验变成了不真实的体验。我以为我看到了，但实际上我只看到文字；我以为我感受到了，但实际上我只是在想那种感受。受制于头脑化作用的人，就成了与人性的我相疏离的人。一旦我把某些事、理用文字（语言）表达，疏离就产生了。因为原先的体验，现在已被语言文字所取代了。弗洛姆认为，头脑化作用，在现代文化中，实际上比历史上任何时代都更为普遍与强烈。科学的发展、工艺的成就都是以智力为条件的，因此，近代就特别强调智力性的知识，一切教育与学识也都以此为重，结果是语言文字取代了体验。因此，今天的某些学习，只有记忆，只有思想，只有灌输，却没有体验。

所以，**人不缺少学习，缺少的是体验。**

知识、知性，与体验是不同的。只有内心的体验才能解决知性所不能解决的问题。因为只有凭体验去感知他只能用体验才能获得的东西。

西方心理分析学说是要把无意识变为意识，禅是要把人所未知的第八识的宝库打开，把无意识变为意识，也就是克服抑制，克服自己同自己的疏离，因此也克服了自己同陌生人的疏离。这就是人的觉醒——摆脱幻象、假象与谎言，依照事物的本来面目来看事物。觉醒的人，才是解脱的人。他的自由既不被他人限制，也不被自己限制，察觉到以前所从未察觉到的事物，这个历程就是觉醒的历程、自我解脱的历程。对于世界的这种直接的领悟，正是禅的目的。

禅的宗旨是开悟。实时有体验的开悟就是顿悟。而西方心理分析学说要把无意识变为意识，实际上也就是开悟，只是名词的叫法不同罢了。禅学家铃木大拙先生说得好："禅者同广大的无意识直接相通。无意识是同我们最密切的东西，正因为太密切了，我们就很难掌握它，正如眼睛不能看到它自己。"因此弗洛姆认为，要意识到无意识，需要对意识进行特殊训练。而禅正是这种特殊训练的方法。

知识与无知是相对而言的。人的无知，往往正是一种纯洁的状态。《圣经》中讲，因知识之获得，就导致了纯洁的丧失。这在佛教或禅中，就叫作“所知障”，或叫“情染”（Klesha，烦恼），也叫由知性所带来的意识心之干扰（被分别识所干扰的心的作用）。而西方心理分析正是旨在克服知性的作用，他要求患者脱离知性的洞察，即不能用思想来表达，强调直接体验。用弗洛姆的话说，真正的心理分析的洞察是突然的，它的来到不可勉强、不可预料，它不是来自头脑，用日本人的意象解释，是来自我们的肚子。我们无法用语言文字掌握它，如果我们要这样做，它就溜掉了。然而，它又是真的、可以意识到的，凡经历过这种事情的人，就变成了另一个人。

人从出生，大概经历了两个时期：一、婴儿时期。这时，婴儿对世界的直接体认，是他的意识、客观性与事实感（同自己相分开的事实）尚未充分发展的体认，在这种状态中，无意识是本能性的，它并未超出动物与婴儿的本能；二、脱离了婴儿时期，走向长大成人的时期。这是从原始的无意识脱出，而到自我意识（Self-Consciousness）的时期。世界是以一个同自己疏离的世界而被体认的。这种体验的基础就是主体与客体的分裂，世界人（四海皆同的人）与社会人的分裂，无意识与意识的分裂。现在，我们能不能有第三种状态，即重新打开自己，去除或摆脱意识与无意识之间的分裂，重新回到人的本来面目——这样的人，每一个行为都表达着人的本性、人的自性、创造性，以及他活泼泼的人格。在他的行为中，没有因袭，没有妥协，没有压抑或不情愿，也没有任何受禁止、受排斥，他没有被局限于他片面的、有限的、受限制的自我中心的那个自我。也就是说，他已脱离了他自己的牢狱。这时候，一个成熟的人，把“情染”、知性的干扰、一切自设的“牢狱”全都清除了，过上自由、自发性的生活，这就是一个解脱了的人，回归到宇宙的完整的人——这本来我们每个人都是的，只是我们从婴儿成长后，把它忘了。

唤回自己，找回自己，这只有“禅”才能做到。弗洛姆也已经认识到这一点了。所以，他把西方的心理分析学说同东方的“禅”打通了。

财的管理

做生意，不是赚取利润，而是赚得人心。人心向你，财自道生。道，就在人心。为什么人心向你？因为你心中有他，他心中也会有你。

内财是真正的财富

真正的内财，就是人的心灵。富人若因为追求财富，满足物欲，而把自己的心灵忘了，他不是比穷人更穷吗？

在佛理中，并不否定钱，但不净之财、非我之财，肯定是拒绝的、厌恶的。佛法是帮助人解脱烦恼、走出迷误、破除无明的无上智慧。佛经中时常提到金银七宝（金、银、琉璃、砗磲、玛瑙、珍珠、玫瑰或琥珀）[①]，但这是世宝。世间之宝、世俗之宝，当然不及法宝、智慧之宝，所以佛家把财富分为外财、内财。金银七宝，是外财；善根、福德、智慧、因缘，就是内财了。外财，易得易失；内财，难得，也不会贬值！

其实，真正的内财，就是人的心灵。人，有几位认识自心？有几位认知自心的内财呢？我们来看看佛陀是怎么点拨人不要忘了自心的。

佛陀以商人为喻，说过这样一个故事：

---

① 佛教七宝，指七种珍宝引，又称七珍。七宝表七菩提分。不同经书所译的七宝不尽相同，鸠摩罗什译的《阿弥陀经》所说七宝为金、银、琉璃、玻璃、砗磲、赤珠、码瑙；玄奘译《称赞净土经》所说七宝为金、银、吠琉璃、颇胝迦、牟娑落揭拉婆、赤真珠、阿湿摩揭拉婆；《般若经》所说的七宝是金、银、琉璃、珊瑚、琥珀、砗磲、玛瑙；《法华经》所说的七宝是金、银、琉璃、砗渠、玛瑙、珍珠、玫瑰——编者注

从前，有一个商人，娶了四个老婆。大老婆美丽又善良，每天与商人寸步不离，商人因她而受人羡慕与夸赞；二老婆是商人费尽心机、拼尽力气抢来的绝色佳人，人见人爱；三老婆虽然不及前面两位，但是能打理内外，工作勤奋，是商人不可或缺的助手；第四个老婆，跟随商人时间最长，但从不显山露水，商人几乎忘记了还有这么一个老婆存在。

有一天，商人要去一个任何人都不想去的地方，想选个老婆陪他一起去。大老婆说："我不能去，我皮肤又嫩又白，怕风吹雨淋。"二老婆说："当初我本不愿嫁给你，是你抢来的，现在，我不会随你去。"三老婆说："看在以往相处的份儿上，我可以送你一程，但陪你去是不可能的。"

这时候，商人想起了第四个老婆。令他感到意外而且感动不已的是，这个老婆不言不语，默默地跟着商人上路了，其实她从来没有离开过他。

佛陀把这个故事讲完，问大家："你们想知道这个商人是谁吗？就是你自己啊。"研究管理学的段武军先生对这个佛教故事，做出了他的解读：

第一个老婆，是企业经营者、管理者的名声。你有了美誉，有了好名声，各种花环、高帽、赞美，都会从天而降，你会得到各种荣誉头衔，挂名职务，当然令人羡慕。但是，它们不真实，一旦企业陷入困境，这些东西很快就消失了。

第二个老婆，是财富。当初不管你是多么辛苦追求来的金钱，到死时，一分一毫也带不走。"万般带不走，唯有业随身。"能带走的，恐怕只有为追求财富而造下的业力。

第三个老婆是员工和亲朋好友。缘聚缘散，情分再深，到了缘尽的一天，他们不能承担你的责任和分担你的痛苦。

只有第四个老婆，那是你的心灵，才是你最可贵的财富。当你全神贯注于物质的享受、欲望的追求、感官的满足，而把这个老婆弃之不顾时，她也只能甘于寂寞、默默无言地相守相待了。此时，不是她不在，是你视而不见，实际上，她与你片刻不离，生死相随。穷人的心灵空间可能很充实，在这个矢志不渝的老婆的陪同下，他能安于贫穷，享受心灵的自由。而富人因为追求财富、满足物欲，只迷恋于前面的三个老婆，把自己的心灵忘了，他不是比穷人更穷吗?

人要找回自己的心，这是智慧的空间，这是认知的本源。你的内财，就在你的自心。

能增值的钱，在哪里？

心中自有方向，心中自有主张，心中自有前进的动力，这就是心灵的财富，这才是能永远增值的钱。

在我的笔记本里，记下了这么一句话：能增值的钱，才是有生命的钱。钱不增值，放着也不保险，既浪费了增值的潜力，又会因日常生活中抵挡不住诱惑，将其一点点消耗殆尽。这时候，钱就不是钱了，那叫消费。消费在不对劲的地方，就叫白费，或者叫浪费。

这段话何时记下的？我也想不起来了。但是，能增值的钱，大概仍然指的是钱本身，是告诉我们，要用钱去挣钱，用钱去增钱。这个道理，没有错。可是，钱，到底是什么？是指黄金、白银、货币、money？

我想认真回答的是：尽大地无不是钱，就看你能不能认识它、发现它。大地是钱，山林是钱，水流是钱，鲜花、绿叶、树根，都是钱。然而，最本质、最有生命力的钱，还是你的自家宝藏——你的内心，你的心灵。

西汉司马相如是大才子，他爱上了四川的豪门千金卓文君，并与其私奔，这是中国历史上著名的才子佳人的爱情故事，许多人都知道。

可是卓氏家族怎么到了四川，怎么兴家创业，怎么发展起来的？知道的人恐怕就不多了。在《史记·货殖列传》中记载了这一发人深思的史实。

卓文君的祖先在战国时代原是赵国人，是炼铁专业户，靠炼铁发家致富。秦统一六国，攻灭赵国后，对赵国以及其他占领地区有钱有势又有影响力的一些大家族，都进行了强制性的迁徙，也就是不准他们住在原地，必须迁往远方。卓家的财产被秦人掳掠一空，只剩下夫妻二人，推着一辆小车，开始向远方迁徙。

在那些被迁的人群中，也有稍存余财的人，他们贿赂安排迁徙的官员，乞求安排在靠近中原的地方，他们就被迁到葭萌（今四川昭化一带）。而卓氏夫妻却出人意料，他们想的是，葭萌地方狭小，土地贫瘠，而稍远的汶山脚下，有大片的肥沃田野，地里能生长个头很大的芋头，如果去那里，就不会挨饿。而且那里的老百姓不爱种田，喜欢到集市上找活儿干，有充足的劳力，这就有利于商业和制造业了。所以，卓氏请求迁往那里。结果他们被迁到临邛（今四川邛崃），卓氏特别高兴。落脚后，他们又干起熟悉的老行当来，到富含铁矿的山里，开采铁矿，鼓风冶铁，重新创业，辛苦经营，逐渐地把生意范围扩展到了云贵高原。没几年之后，他们的富有程度已居蜀滇之首，用一句常用语形容，叫“富可敌国”。

人，总会遇到不幸和倒霉事，甚至面临绝境。有人不堪一击，有人跌倒了再爬起来。前者，失去信心，颓废，甚至自杀。后者，坚强不屈，从零起家，这种人心中有一盏不灭的灯。这盏灯，叫目标在前，希望在前，不屈不挠，奔向理想，成就新的事业。一个人，不为现象所迷，不因挫折和打击而一蹶不振，**心中自有方向，心中自有主张，心中自有前进的动力，这就是心灵的财富，这才是能永远增值的钱**。

一个人，能走出自我，超越自我，心中有永远用不完的钱，这个人就真的成熟了。

只有利他，才能利己

做生意，不是赚取利润，而是赚得人心。人心向你，财自道生。道，就在人心。为什么人心向你？因为你心中有他，他心中也会有你。

曾有杂志编辑向我提出一个问题：“企业家如何权衡商业利益与道德？”为了提供探讨的思路，编辑还举例说：2011 年，电子商务公司阿里巴巴发现，部分客户存在欺诈嫌疑，而一些内部员工，默许甚至协助了这些公司的欺骗行为。事件被证实后，阿里巴巴公司 CEO（首席执行官）卫哲、COO（首席运营官）李旭辉引咎辞职，集团董事局主席马云发出公开信，表示“对于这样触犯商业诚信原则和公司价值观底线的行为，任何的容忍姑息，都是对更多诚信客户、更多诚信阿里的人的犯罪。我们必须采取措施，捍卫阿里巴巴价值观”，其态度令人赞叹。

同时，结合市场上已暴露的皮革奶以及早前的三聚氰胺奶、还原奶等食品安全问题，编辑向我提问：“中国企业家在争取商业利益和保持商业诚信、捍卫价值观上，当持怎样的态度？他们应当如何通过内心的修炼，达到面对利益诱惑，却不逾越道德界限的境界？”

对于以上问题，我想，要分几个方面来回应。这是一个很大的题目，不是一点两点就能说明白、说清楚的。今天，首先谈谈利他和利己的关系。

人，不能没有利益考虑，但父子之间、夫妻之间、一对好友之间，哪怕两个平常人之间，一有“我”的利益考虑，唯有“我”的“利益最大化”，那就变得不简单了。生活中的许多复杂性，就是从这里来的。

相反，人，如果少了“我”的利益考虑，或者，多一点别人、他人的利益考虑，那么，生活就单纯多了，也可贵、可爱多了。

市场是最现实的。现实就等于“利”，等于牟利、获利、抢占利吗？不，最现实的是人心。做生意，不是赚取利润，而是赚得人心。“得人心者得天下”，人心向你，财自道生。道在哪里？道，就在人心。为什么人心向你？因为你心中有他，有他人。你心中有他，他心中也会有你。

自私的人，是最不会赚钱的人。真正会赚钱的人，是懂得利他，而且真正把利他放在第一位的人。

每个人，都是从利己出发，可是，每个人又只能靠利他，才能建立和发展自己的事业。你说，你开面馆是为了赚钱，但如果你不把面做好，让吃的人说“这里的面真不好吃”，你的面能卖出去吗？你的店会有人来吗？这就是只有先利他，然后才能真利己的道理。也只有人人都学会利他，这个社会才能繁荣，才能稳定，人的生活也才能真正改善。

忽视了利他，抹杀了利他，不顾利他，只想利己，你能利己吗？所以我才说：“突围无快捷方式，唯有改变自己。”改变自己的什么？改变心态，改变挣钱的目的，改变“自私”和“贪婪”的恶习，改变不肯利他的思维模式。

这个道理不是很明显吗？利他，就是同尊同胜，共美共荣。佛说：**此有故彼有，此无故彼无**。个中原理，恐怕在今天已不是什么秘密了。

财富是人的需要，但它并不是人的唯一需要，更不等于一个人的全部价值。人，还有比财富更重要、更宝贵的精神质量在。不能因为追求财富、着意于财富、只看到财富而忘记了更重要、更宝贵的精神质量，亦即自己的心灵。放弃了人之所以为人的精神质量，视财富为主人，视财富为上帝，那么，他不是财富的奴隶，是什么呢？

财产过多的人，很有可能会变成一堆财产的奴隶，如果他不懂得施舍，又不懂得帮助别人的话。

真正的利他，就在于肯布施，能布施，真心实意地布施、施与。在佛法中，在六波罗蜜中，布施叫“布施度”，是“渡人舟”，因而叫布施波罗蜜。这是利他的大智慧。

河北有一座古刹——赵州柏林寺，柏林寺的方丈明海和尚为我们说了一个故事：

有两只鬼，在阎王那里要投生做人。阎王问：“你是愿意做每天都有人给你的人，还是愿意做每天都给别人的人呢？”

第一个鬼有点笨，回答说：“我愿意做每天有人给我的人。”阎王说：“好，下去。”

第二个鬼说：“我愿意做每天都给别人的人。”阎王说：“好，下去。”

第一个投生了，是乞丐。他每天伸手讨，当然每天都有人给。

第二个投生了，是富翁。每天都有人来求，当然，他每天都在给别人。

帮助别人的人最快乐，布施的人最富有。利己就在利他之中。

家有万金不富

老子的《道德经》直截了当地告诉我们，只有让别人得，你的价值才能体现。对于企业家来说，遵守游戏规则，按游戏规则游戏，就是利益最大化。

这篇文章的标题，是从一个小故事来的。

清朝的乾隆皇帝，曾多次下江南，大概是偏爱旅游的一位皇帝了。有一次，他来到江南某小镇，见有一户人家门上贴了一副对联：

家有万金不富

堂前五子称孤

乾隆看罢，心想：口气好大，是否贪心太重？他走进这户人家，只见家徒四壁，一贫如洗，一位老人在喝粥充饥。乾隆问老人："你的生活如此寒酸，为什么门前对联却又那么夸张呢？"老人叹了一口气，诉说原由：老人是位秀才，生了十个女儿，十女眼下都已出嫁，但谁也不肯赡养老父。老秀才一怒之下，写了这副对联，意思是，女儿古称"千金"，他有十千金仍一贫如洗；而女婿古称半子，十个女婿，也就算作五子了，而自己依然是孤寡无助的老人。

乾隆听罢，大笑起来，随后叫侍从取来文房四宝，御笔写下一联：

钦赐万金致富

官封七品不孤

另题横额：不孝者戒

老秀才从此平步青云，既获万金，又当上了县太爷，成了当地的父母官，全县百姓都成了他的“儿女”。那十女十婿，自然背上了“不孝”的罪名，受到社会道德的谴责。

这个故事留给我们的启示，当然不仅仅是一个“孝”与恤老养老的问题。有个记者曾经给我出了一个题目：中国企业家在争取商业利益和保持商业诚信、捍卫价值观上，当持怎样的态度？他们应当如何通过内心的修炼，达到面对利益诱惑，却不逾越道德界线的境界？记者的提问与思考，都是十分深刻的。尤其是在“不逾越道德界线”和“捍卫价值观”这两个企业家必须坚持的基本点上。

乾隆遇到的这位老人，养育了十个女儿，她们又嫁了十个夫婿，理当女孝婿贤、家庭和睦、儿孙满堂、令人羡慕。但是，十个女儿可能各有各的理由，各有各的盘算，她们只想着自己，哪还顾一位孤独的老人？乾隆皇帝则以“不孝者戒”，让十女十婿上了道德法庭。其实，这里说的“道德”，还不是中国古代“道德”一词的本初义。

老子《道德经》云：“上德不德，是以有德；下德不失德，是以无德。”

这里所说的“德”，才是我国古代“道德”的本义。翻译为今天的语言，就是“只问耕耘，不问收获”“只讲奉献，不求回报”。这种道德的要求，在今天就是大公无私，或者至少是先公后私、公而忘私。这种道德观念，无疑是今天全人类最伟大、最先进的价值观了。老子上述名言，直截了当地告诉我们，上德不德，对自己而言，是不得，对别人而言，却是德。这个“有德”，是“得在别人，得在他人”，让别人有得。这就指出了真正的价值不在“我”，不在自己，而在别人那里，让别人有得。只有让别人能得，让别人有得，你的价值才能得到体现，得到公认，得到尊重，得到普遍接受，所以，这才是真正的价值。

企业家不仅要用他的产品，用他的有效服务、产品质量和服务质量的承诺，来实现他所经营、所提供的使用价值，同时，更要用他的“德”，用他的诚信、信誉，用他的可信度来作为他的价值的担保。因此，诚信、道德就成了人类最根本最具普遍性的价值基础。

然而，我们今天所说的“道德”在孔子那里，属于“礼”的范畴。礼是社会制度文明。忤逆不孝、不赡养父母、不照顾老人，法律往往管不了，这样的人就要到“道德法庭”上，受到道德的谴责了。但是，你不能说一个不忤逆的人就是一个有道德的人，这两者不能画上等号。我们今天所说的“社会公德”，其实仍然是“社会公礼”，属于遵守游戏规则的范畴。说穿了，“礼”的要求，“礼”的规范，仍然是社会的功利价值取向，是各种利益关系平衡的结果。守礼、遵礼，实际上就是按照游戏规则来游戏，而古代讲的道德，是一种崇高的心灵境界，它不在功利的层面上，它是无私无我、至高无上的精神质量。

孔子的一生，都在追求礼、讲礼。共同遵守游戏规则，就是“礼”。

我国著名学者沈善增先生说：一个文明社会，必须有游戏规则，文明程度越高，游戏规则就越完善。《礼记·仲尼燕居》中说："礼者何也？即事之治也。君子有其事必有其治。"《礼记·经解》："礼之于正国也，犹衡之于轻重也，绳墨之于曲直也，规矩之于方圆也。""无规矩不成方圆"成为千古名言，就因为它是真理。人，可以藐视真理、拒绝真理吗？

我一再告诉企业家朋友们：遵守游戏规则，按游戏规则游戏，这就是利益最大化。而保证这个"利益最大化"的价值基础，就是诚信，就是信誉。还是孔子说得好："人而无信，不知其可也。大车无輗，小车无軏，其何以行之哉？"（一个人，如果不讲诚信，不守信用，我不知道他怎么在社会上做人呀。就像大车没有了车杠，小车没有了鞘钉，车子还怎么转动，怎么上路呢？）

老人的十女十婿，在当时受到怎样的指责，是可以想象的。乾隆的"不孝者戒"，仅仅是对不孝不义者的忠告吗？"家有万金不富"的贫困，是谁的贫困？

"家有万金不富"有多方面的警醒意义在，我只是借用这个题目，理出一个新的头绪：在这个价值观混乱的时代，我们不要忘了最核心、最本质、最基础的价值。只有共同遵守游戏规则，按游戏规则游戏，才能保证所有参加游戏者的共同利益，这才是真正的"利益最大化"。而达成这一价值保证的，才是最根本、最基准的价值：诚信、信义、信誉——这是人之所以立身为人的精神质量，这才是实现一切价值的价值。

知之一字，众妙之门

市场是没有记忆的，但投资者、经营者不能没有记忆。这个记忆，实际上就是总结和反思。反思什么？不要迷误。人若认假为真，就是迷误。

我的专栏名叫“大觉归真”，什么叫“归真”？归真，就是回到真、回归真。这当然体现了最本质的东西：求真、求实、求是。

之前的文章中，我曾说到广大消费者对国产乳制品的信任危机，这才是更难以消除的内伤。此后从报上得知，有机会走出国门的家长们，纷纷到西欧等国家去抢购奶粉了。这些抢购者求的是什么？不就是求真吗？求真，就是求福、求平安啊。

不久前，香港《大公报》发表了《大学不应世俗化》的文章，复旦大学校长杨玉良教授直截了当地指出：“现在大学精神有点迷失，出现了一种相对来说比较广泛的精神虚脱。作为全社会来讲，包括大学在内，功利主义盛行，如果大学把狠命赚钱当成追求的目标，也就失去其存在的崇高意义了。”于是杨校长提出，大学应该率先回归其本身的高尚，尤其是在精神层面上。阿弥陀佛，这不也是求真、求实、回归真吗？

著名作家、现职将军刘亚洲，曾撰文说“迷信金钱力量的民族是落后和愚昧的民族”,并且发出一声惊天地、泣鬼神的天问“除了金钱的力量,我们还有什么力量”这样的大声疾呼，不正是求真、求实、求是吗?

真的反面，是妄。妄，就是虚假不实。认假为真，就是迷误。

市场是没有记忆的，但投资者、经营者不能没有记忆。这个记忆，实际上就是总结和反思。反思什么？不要迷误。

第一个迷误，是我们对“现代化”的理解。难道“现代化”仅仅是物质生活、经济成就、技术成果，是一切感官的、享受的、消费层次上的东西吗？正像我们不能把优裕的物质生活条件同幸福画上等号一样，我们也不能把优越的物质享受同财富画上等号。作家沈善增先生曾经在文章中问道：“一桌丰盛的美味佳肴，对一个牙齿痛、口腔溃疡、没胃口、拉肚子的人来说，是享受吗？”

第二个迷误，是轻浮狂躁，急功近利。记得我看过一幅漫画：看到许多女士在排队，一位男士也挤了上去，排到跟前，原来是“孕妇检查”，他慌忙抽身而去。这叫跟风从众心理：人人都有，我不能没有；主流社会是这样，我也这样。别人有茅台、马爹利，我也要；别人有几套洋房，我怎能没有？别人有二奶、三奶，我为什么不可以有？跟潮流，追潮流，别人错了，你也跟吗？跟不得啊。

第三个迷误，是不识炒作。炒作与造势，最容易使人上当。人玩市，市玩人。你玩赌，赌玩你。你玩网，网也玩你。你玩得入迷了，别人的机会也来了。恶搞的人有没有啊？你不识，心不知肚不明，那就要陷入“两边输”的困境了。

第四个迷误，是不会算账。我曾为朋友题字：大爱无言、大智无忧、大道无为、大商无算。这个“无算”，不是不算，而是不要太过算计，算过了头，就变成了失算。太过功利，急功近利，就变成了不利。算银算金，算斤算两，是小商小贩，不是大商家。你有没有想过另一种算账：成功不等于只有金钱的回报；提高产品知名度，建立良好的企业形象，有好的商誉，有客户的信任度，这同样是成功。有了这个基础，将来必然财源滚滚。能打好这个基础，就是成功。这个成功，才是真正的会算账。

第五个迷误，是看不到念头的误区。生活是美好的，世界当然也很美好，但不能因这美好，就说生活中没有陷阱了。陷阱与美好并不矛盾，因为它都在你的一念之间。这生活的美好，世界的美好，是你认为它美好，感觉到它美好，体会到它的美好。没有了这个"认知"，那美好在哪里？是谁在说它美好？而陷阱在哪里？陷阱依然在你自身，在你自心。因为人有弱点，这个弱点被人看中了，被人利用了，你又恰恰逃不过这个弱点，这不是你自己误中陷阱吗？一念明，那是美好；一念误，那是陷阱。美好与否，不是在一念之间吗？这正是佛家常说的道理。

回到主题上来，市场要求真，就是要创造好市场。什么是好市场？人有道德心，社会有正气，法治有保障，信誉第一，这就是好市场。一个没有为他人着想、为他人造福意识的企业家，不能算是企业家，只能算是市场的"门外汉"。

唐代圭峰禅师宗密（780 —841 年）在他的名著《原人论》中指出：回归真，回到人的自性本源，第一破迷执，第二除偏浅。破除迷执，才能显真归真；去除偏浅，才是正道。他说得好："知之一字，众妙之门。"

人生往来两条船

真正的利益最大化，是人类整体的共同利益最大化，而不是只图“我”的利益。最本质的利，是孔子重视的仁和礼，是先难而后获，因为这就是人类共同的利。

清朝的乾隆皇帝喜欢游江南。这一回，他又来了。来到镇江金山，登上江天寺的宝塔，他看到长江里船来船往，就问身边陪同的一位老和尚：“你在这里住了多少年？”老和尚说：“住了五十年。”又问：“你五十年来看这江上，每天来来往往有多少船只？”老和尚说：“我只看到两条船。”乾隆一听，惊奇地问：“这是什么意思？五十年了，只看到两条船？”老和尚说：“是呀，一为名来，一为利往，人生就是两条船啊。”乾隆听了很高兴，认为这个老和尚的回答很不简单，把世相归纳出来了。

明末清初的戏剧家、文学家李笠翁（李渔），写了一副对联：人生两演员，天地大舞台。妙，在这个大舞台上，只有两个演员：一个是男人，一个是女人。

两个人，两条船，就在这个大舞台上，热泪盈眶，天翻地覆。

笔者的恩师茗公上人，是一位福慧双修的文化高僧。他老人家对大众有过多次开示：有名有利，为什么不要？要名要利有什么不可？有了名，有了利，才能为人民、为社会、为国家做更多的好事、更大的好事。所以，古语云：

计利当计天下利，求名应求万世名。

这个“天下利”，当然不是个人的利、“三鹿集团”的利、“我”的利了。利益最大化，不是“我”的利益最大化，不是“三鹿集团”的利益最大化，不是任何人一己私利的最大化，而是社会公众的利益最大化，是人民利益的最大化。人类是一个整体，是相互依存、相互合作而组成的社会。真正的利益最大化，是指人类整体的共同利益。只图“我”的利益，只图“三鹿集团”的利，而不顾饮用乳品的消费者的利，从而破坏了这个共同利益，你个人的利益是不是也受到了伤害？

名，就是信誉，就是一种公众的信任度与认受度，在经济学中也称作知名度、知晓度、美誉度。万世名，当然是留芳万世。三聚氰胺奶造成了对孩子的伤害，对消费者的伤害，尤其是对爱护民族工业、支持国产乳制品的公众的伤害，这些厂商哪有什么“名”可言呢？即使有，那也成了臭名、丑名与骂名，是声名扫地、信誉尽失了。

真正的危机，是信任危机、信仰危机。最可怕的是，市场上谁都不相信谁，那就真的无法再把生意做下去了。除了瘫痪，谁还能存活呢？存活得久，正是客户对你信任得久。什么人最愚蠢？有很多的钱，很多的股票、房产、汽车，一心求名求利，却又不知道什么叫“计利当计天下利，求名当求万世名”的人最愚蠢。

《论语》云：“子罕言利，与命与仁。”这是一条很重要的记载。孔子不是不讲利，而是少讲利。“与”（音 yù，去声，与誉同音）是称赞、称誉、赞同、肯定的意思。少讲利，不是不讲利，而是不重利。与“利”比较起来，孔子更重天命，重仁（礼）。这里的“命”，当然不是我们常说的“命中注定”的“命”，也不是算命看相的“命”，而是“天命有常”的“命”，亦即自然规律，是事物的必然性。孔子不重利，少言利，而赞同天命，肯定天命，赞同仁，肯定仁。为什么“仁”成了儒家思想中道德的第一元素？为什么“礼”（遵守游戏规则）又成为“仁”的第一体现？为什么樊迟问“仁”，孔子回答说，仁是“先难而后获”？很明显，最根本的利、最大的利、最本质的利，是仁，是礼，是先难而后获，因为这就是人类共同的利。

“子罕言利”，还有另一层含义：利与害相连，有利必有害，所以叫利害相关。不懂得利害关系，又怎么趋利避害，或者叫得利无害？孔子的少讲利，正是考虑到了利的反面是“害”。

佛家讲无常，诸行无常。一切发展变化的，都是无常的，也就是不可能恒久的。名与利，能够恒久吗？你能把春天留住，不进入秋冬吗？

名与利，人人都想要，但未必人人都知道那是无常的，可以得到，也可以失去，不能永恒。所以说，名利是身外之物。不明白的人，拼命想占有；而明白的人，淡然视之，放弃亦不可惜，这才是自在。自在，就是智慧。

不值之富，不配接受之富

名、利、财富、地位，只是一个人暂时保管，能得到，也能失去，绝不代表它就是自己。炫富、仇富，都是一种迷误。

“让一部分人先富起来。”这曾经是一句石破天惊的时代先声，它见证了历史的巨大飞跃。

富有什么不好？富国强兵、国富民强、国富民饶、安富尊荣、富贵荣华、富埒陶白，这都是千百年来多少仁人志士奔走呼号、夙兴夜寐、持之以恒、务期达成的悲深宏愿啊！中国人为了洗雪“积贫积弱”的国耻，从鸦片战争算起，抛头颅，洒热血，已经奋斗一百七十多年了。改革开放以来的经济成就、社会新貌举世瞩目，这已是历史公论，令人欢欣鼓舞。

富人富了是好事，不富不能成为富人。我国自古重农轻商，但是对商、对财富独有卓见的是司马迁。他与常人不同，他列举农、工、虞（掌管山泽等自然资源的人，代表财）、商四种社会分工，称“农、工、虞”是“三宝”，而“商不出，则三宝绝”。说得真好，农产食、工产成品、虞产财，是三宝，而没有了商人、没有商人的流通，这三者都要断绝了。司马迁看到了商人的作用，是“农、工、虞”三宝的组织者，是高于他们的。司马迁在《史记·货殖列传》序中说："此四者，民所衣食之原也。原大则饶，原小则鲜。上则富国，下则富家。贫富之道，莫之夺予。"这席话的大意是：农工虞商，这四种行业，都是人民衣食的来源。来源大就富饶，来源小就缺乏。有了这四者，上可以富国，下可以富家。贫富皆有其道，没有人可以剥夺，也没有人可以施与。

司马迁堪称我国公元前的一位经济学家了。他肯定商人的作用，肯定财富对国家的意义，认为那是社会进步的动力。他指出农、虞、工、商四者分别从事生产和交易活动，共同创造了国计民生的蓬勃生机。这是多么睿智的见识啊。他赞扬财富之后，还得出了"君子富，好行其德；小人富，以适其力"的结论。君子在这里是指社会上层人士，小人是指社会普罗大众。君子富了，就必然乐善好施，回馈社会；小人富了，就能适当地提升自己的实力，发展自己的实力。这不是力倡富庶，建设国富家富的社会吗？

我举出司马迁的论述，就是为了证明，在我国优秀传统文化中，早就肯定财富了，而且理直气壮地追求财富。

但是，"郭美美"事件以后，炫富与仇富的话题甚嚣尘上，几乎成了网络上的一道风景线。

正当欧美陷入经济困境而苦苦挣扎之际，中国却成了全球名牌精品消费第一大国。据世界奢侈品协会和中国国际贸易促进委员会发布的报告称：截至 2011 年底，中国大陆名牌精品市场消费总额已达 260 亿美元，占全球的 28%。大陆游客在海外的惊人消费力，更使欧美各界人士刮目相看。中国人出境游已变成购物游，他们身怀数万、数百万的钞票和卡，被欧美商家视为"天使"降临。美国商务部有笔统计数字：外国观光客在美国平均消费额为4000美元，而一个中国游客来一次美国，平均消费额为6200美元；如果是去到赌城拉斯维加斯，即使只逗留两天，人均花费也有6800美元。一个加州销售店内负责收银的小伙子见到中国人来了，大声喊：“他们给我们送钱来了。”呵！中国人扬眉吐气，这在郑和下西洋之后，可能还是头一遭呢。

买名牌高档消费品，既不犯法，也不是什么罪过，竟然成了社会性的问题，或者受到谴责，这就值得思考了。

“文革”期间，我有幸通读了《马克思恩格斯全集》42册，其中书信部分不少内容仍记忆犹新。马克思写信告诫他的三个女儿：含蓄美、羞涩美，才是女性真正的美。对于这一条，“郭美美”们，肯定是远隔十万八千里的。中国古代强调富而好礼、富而好德、富而无骄，孟子还提出“富贵不能淫，贫贱不能移，威武不能屈”。报载，大学生翻译“富贵不能淫”为“富贵了不要性感”。他不知道“淫”在这里的解释是“过度、过甚”，是“沉迷”，是乱了心志。这句话正确的解释是：不要因富而迷乱了自心，不要耽于过度的享受、享乐。中国优秀的传统文化，对于“郭美美”们，不也是天外之音，遥不可及吗？

我们家乡有一句俗语“穷人发财如受罪”，这句话含义有二：一是穷人变富，便成了守财奴，不知施舍，不知帮助别人，日夜不知所措，唯恐失去；二是摆阔、摆谱，唯恐别人不知他有钱。他虽然富了，依然是穷人心态。虽然买了花园别墅，却不谙园林艺术，庭院无章。坐着玛莎拉蒂，腕挎爱马仕包，却没有品位，轻佻猥琐。网上流传一段视频：一名山西的百万富翁，前去参观一座地下清代古墓。对方说，不对公众开放，他火了，掏出一把钞票，砸向警卫，要求放他进入，说他的钱足够买下这座古墓。有钱就有一切，这是他的逻辑，也似乎成了他的通行证。他的狂妄（淫威）愚蠢，是不是引发众怒的导火线呢？

“郭美美”们丢弃了自己的无形资产，只图炫耀那些原不属于自己的光环，不是穷人心态，又是什么呢？

社会的价值颠倒，从过去的“金钱挂帅”，到误以为“金钱、财富才是衡量社会地位的唯一标准”，富人成了社会的偶像，众人羡慕的对象，高人一等的人上人。恐怕这正是炫富的社会根源吧。

著名学者沈善增先生在探讨人的本性时指出“本性是与生俱来的”。这个意义上的本性，分两个方面：一是本源本体的体现；一是某一个体与生俱来的优越性与局限性。认识本性，以认识后一方面为主。以商人为例，商人的优越性是提供服务（即互通有无，满足社会需求）；而商人的局限性是逐利（做大做强、追求垄断，正是逐利的必然）。沈善增先生在分析商业的本性时，进一步指出：商业不直接参与生产，但这种中介活动的利润却往往成倍于生产者所得；而商人其实一无所本，不像生产者可以用产品来证明他的实力，但商业是非常需要信誉的活动，所以，商人往往需要通过炫富来显示他的实力。从古到今，商人是奢侈品消费的主要群体；权贵官吏，穷奢极侈，是要为人所诟病的。商人以炫富显示身价，社会在道理上是认同的，在感情上却是排斥的。以上简要分析，可以说，已把炫富与仇富的心理来源都一一剖明了。

但沈先生是从世界性的商业来说的，中国式的炫富，似乎又别具特色。真正的富人，并不怎么炫富，炫富的是新富，是富二代、富三代，或者干脆是富人身边的二奶、三奶、交际花、情人，或称为“公共情妇”之类，她们才是奢侈品、高档名牌精品的主要消费者。她们以身后有强大的支撑、有富人的宠爱，以受人羡慕、得到仰视与殊荣而自抬身价。因之，她们似乎又成了富人的另一份财产。“张美美”“李美美”，大概也就是这么自揭面纱、招摇过市的。

平心而论，创造社会繁荣，推动经济发展的，并不是上述这些奢侈品的消费者。真正的商家、财富的创造者是对社会发展卓有贡献的人。

据说，西方对于“富”，现在有了一个新名词：UW（Undeserving Wealth 的缩写），指不值之富，不配接受之富。这是要人们检验“富”的由来和“富”的性质。如果是缺德之富、窃夺之富、侵占之富、邪恶之富、贪腐之富，那么，这是最为人所不齿的，这说明西方人也明白个中道理。而西方人提出的这个新词，其实在咱们中国，早在2500年前，孔子就说过：

不义之富且贵，于我如浮云。

佛教讲的是中道，名和利，金钱和地位，在生活中、现实中是必须的，是因缘成就，是不请自来，水到渠成，既不必回避，也不必刻意追求、贪图索取。我们追求的“名”，是实至名归；追求的利，是自利利他，利益大众，利益国家和社会。这样的名和利，是好事而不是坏事。但不要把名、利、财富、地位当成就是自己，这些只是一个人暂时保管，能得到，也能失去，绝不代表它就是自己。人能走出这个误区，就对财富、对名与利，有了自觉了。

一个自觉的人，会炫富吗？炫富、仇富，都是一种迷误。向迷的方向走去，是糟糕，是陷阱；向悟的方向走去，是智慧，是光明。

请失去方向感的人找回你的方向感吧。

路，不能走错。

淡定从容，体悟人生

有悟性的人，淡定从容。风云际会，既有偶然，亦有必然。有悟性的人，必然会看到，这是最好的机会来了。

有人来信问我，不少财经界人士都流露出一种悲观情绪，认为2012年是寒冬之年，那么，在经济弱周期，当如何以正确的心态过“冬”？

是的，我在香港，也读到了一些港商纷纷关门歇业的消息。市场订单减少，运营成本上升，银根紧缩，房地产调控，以及国际金融动荡的大背景下，不少中小企业步入衰退期。似乎“萧瑟秋风今又是”，令不少财经界人士忧心忡忡。我说，不奇怪啊，这很正常啊。经济不景气是全世界的问题，不是某个地区的独有现象。就连那家全球家喻户晓的老牌相机及胶卷大王——百年老店柯达公司（Kodak）也宣布申请破产保护了，它从2007年起就持续亏损，导致现金枯竭，无法发放退休年金和员工的福利。截至2011年9月底，柯达公司共有51亿美元资产，而负债却高达67.5亿美元。这是你能想象的吗？你只看到自己，你看到别人了吗？

世贸组织也好，经济全球化、一体化也好，那是在怎样的一个体系中生存呢？你对资本主义没有了解，你能进入那个体系去“游戏”吗？马克思对资本主义体系内难以消解的矛盾，包括财富高度集中、收入越来越不平均、贫富两极分化、社会冲突加剧等，有着你不能不佩服的洞见。特别是资本主义体系下避免不了的周期性危机，马克思在上上一个世纪早就揭示清楚了。2008 年开始的金融危机，并不是 2008 年仅有、2008 年才有。1998 年俄罗斯债务违约，令 LTCM（美国长期资本管理公司）陷于倒闭边缘，全球金融市场顿时水枯流竭，有一段时日几乎溃不成军。2008 年雷曼兄弟公司倒闭所造成的冲击，更是全球性的一场灾难，仅香港身家百万以上的富豪，每人就平均损失 66 万元，要不是各国政府投入数万亿美元救市，那可不仅仅是那些大大小小的公司倒下，很可能是整个金融体系断裂与崩塌了。马克思就是以解剖资本主义的痼疾或致命伤而享誉世界的。我们不少人自称为马克思主义者，为什么对欧债危机未了、全球经济复苏难期、中国经济不可能置身于全球化之外，竟然也蒙喳喳了呢？

人在河边走，哪能不湿鞋？一个不做好湿鞋准备的人，就没有资格在河边走。任何时候、任何角落，有诱惑就有陷阱，有预料的欣喜就有意外的危险。**一个人的优势，往往也正是他的弱项、弱点**。你的弱点被人看中了，又被人利用了，就会倒霉，不需要等到金融海啸的那一天。

这是一个三声（笑声、哭声、打闹声）不断的世间，当然也会有另外的三声：歌声、骂声、不作声。不作声，不是没有声，而是另一种频率，另一种“无声胜有声”。说一个例子，香港作家李纯恩在他的专栏文章中写了这样一则故事：

一位朋友，在金融海啸中没有损失，为什么？因为他在一年中，特别喜欢看报纸的娱乐版，天天只看娱乐新闻，没有碰过财经版，不去关心财经新闻，什么楼价、股价，他根本不看，他也没有任何波动，就这样，他逃过了大难。

这是不是一种“无声胜有声”呢？有一些人，天天看财经新闻，天天随着分析员、观察家的调子跳舞，上海话叫“团团转”。供股（即购买增发的股份），怕股价再掉；不供，又怕股份被摊薄。怕来怕去，心无宁日，寒冬虽然没有来，寒冬的感觉已把他冻坏了。

人最宝贵的是悟性。佛家的“禅”，讲的就是“悟”，不能悟，永远进入不了禅。金融海啸波及全球，经济低迷，人心惶惶。许多人承受着沉重的压力，甚至一片悲观焦虑、一团迷茫。有悟性的人，淡定从容。风云际会，既有偶然，亦有必然。偶然中自有必然。所以，有悟性的人，必然会看到，这是最好的机会来了。

什么机会？转变的机会，调整自己的机会，休息养心的机会，做好准备的机会，觑准入市的机会，调整心态、聚集正能量、清除负能量、积极应对挑战、化危为机，一句话，增长智慧的机会。

别人找不到机会，你就有了机会。

能看到机会，就能体悟人生。“不经一番寒彻骨，怎得梅花扑鼻香？”不能体悟人生、思索人生，没有经过酸甜苦辣、艰难曲折、起伏跌宕的人生，是不完整的人生。

狄更斯有句名言说：“这确是最坏的日子，不过，这真是最好的日子。”这“最坏”，这“最好”，是谁在判断？是你的心。说这“最坏”，说这“最好”，是谁的感觉？是你的心。好与坏，似乎很难截然分开。坏中有好，好中有坏。好过了，必坏；坏过了，必好。“天下无不散之筵席”，**末路来临，即是开端**。人，能改变自己，才有明天。

请证明自己，你能改变自己。能改变自己的人，才是一个有志气、有作为、有出息的人。

把梳子卖给和尚的学问

从佛法来说，你心中有众生，众生心中也有你。市场的奥秘就在这里，你心中有顾客，顾客心中也有你。向和尚销售梳子，说的正是心中装着顾客。

有朋友从网上下载了一则数据发给我，一看，是“怎样把梳子卖给和尚”的测验题。不简单，很有学问，我略作梳理与说明，希望同大家分享这一种很有感染力的营销智慧。

有一个营销经理，要他手下的营销人员去把梳子卖给和尚。

第一个人出了门就骂：“什么狗经理，和尚没有头发，我能去向他推销梳子吗？”干脆拒绝了经理，和尚没头发，不会买梳子，生意做不成。经理微微一笑，和尚没头发还要你告诉我？

第二个人来到了一所寺院，找到和尚，对和尚说：“我想卖一把梳子给你。”和尚说：“我用不上。”那人把经理交代的任务说了一遍，说如果卖不出去，就会失业，你就发发慈悲吧！和尚买了一把。

第三个人来到一所寺院卖梳子。和尚说：“我真的不需要。”那人对和尚说：“拜佛要心诚，心诚就是要心存敬意。很多香客大老远来到这里，他们风尘仆仆，蓬头垢面，如何对佛菩萨诚心敬意呢？你应该准备一些梳子，让香客把脸洗干净，把头发梳整齐，这才是对佛的尊敬。”和尚说有理，买了十把。

第四个人来到一所寺院卖梳子。和尚说，他们真的不需要。那人说，如果庙里备些梳子作为礼物送给香客，又实惠，又有意义，香火就更旺了。和尚想了想，好，买了一百把。

第五个人来到一所寺院卖梳子。和尚说：“我真的不需要。”那人说：“您是得道高僧，书法甚有造诣，如果把您的字刻在梳子上，刻些‘平安梳’‘吉祥梳’送给香客，既弘扬了佛法，又赠送了书法。”老和尚一笑，善哉！买了一千把梳子。

第六个人来到一所寺院卖梳子，和尚说：“我们用不上啊。”那个人对和尚说了一番话，却卖出了一万把梳子。

他是怎么说的呢？

他说，梳子是善男信女的必用之物，女香客总会带在身边，如果大师为梳子开光，成为她们的护身符，既能积德行善，又能保佑平安，很多香客还会为自己的亲朋好友请上一些，保佑平安，弘扬佛法，扬我寺院之名，岂不是功德无量？和尚双手合十，连称阿弥陀佛，善哉！善哉！

各位看看：

第一个人受传统观念的束缚，不懂策划，他适合做销售吗？

第二个人卖的是同情心，是最低级的销售方法，叫“叩头营销”，求人帮忙是不能长久的。

第三、第四人为客户着想了，思考的是“顾客满意”，自然有好的效果。

第五个人不但要让顾客满意，而且懂得顾客心理，成绩必然可观。

第六个人到达了物我两重天的境界，梳子成了一个象征性的载体，那是在卖吉祥物、护身符，把顾客得到的价值最大化，赋予了神圣性，当然不是在卖梳子，而是他的一种创意了。

这个创意并不复杂，从佛法来说，你心中有众生，众生心中也有你。市场的奥秘就在这里，你心中有顾客，顾客心中也有你。那些制造、售卖地沟油、毒奶粉、假药的人，心中有顾客吗？顾客心中会有他们吗？向和尚去销售梳子，说的正是心中装着顾客。顾客是上帝，对吗？

高手都在市场上

佛说众生平等，佛性平等。你如果有一颗平等心、平常心，那么，就不要小看了乞丐，不要小看了“要饭”。高手都在市场上。

有朋友给我发来一则微信，里面讲了一个故事：

我拎着刚买的 Levi’s 从茂业百货出来，站在门口，等一个朋友。一个职业乞丐发现了我，非常专业地径直停在我面前。这一停，于是有了后面这个让我深感震撼的故事。

“先生，行行好，给点儿吧。”我掏出一枚硬币给了他，竟同他攀谈起来。

乞丐很健谈：“……我只在华强北一带乞讨。我一抬头，就见到您了。在茂业买 Levi’s，一定舍得花钱。”

啊呀，这个乞丐很“知人”啊！我十分惊讶。

“做乞丐，也要有科学方法。”他说。

我一愣，饶有兴趣地问：“什么科学方法？”

“你看看我同其他乞丐有什么不同吗？”我仔细看了看他：头发很乱，衣服很破，手很瘦，但不脏。他马上打断了我的思考，说：“人们对乞丐都很反感，但我相信您没有反感我。这一点，我能看出来，这就是我与其他乞丐的不同之处。”

我点点头，确实不反感。要不，怎么同他攀谈起来了呢？

“我懂得 SWOT 分析法[①]，优势、劣势、机会和威胁。对于我的竞争对手，我的优势是不会令人反感；机会和威胁是外部因素，比如深圳市人口多，但深圳必须有市容管理。”对呀，他很明白他的生存环境。

“我经过观察，发现这里每天人流上万，穷人固然多，有钱人却更多。理论上讲，我如果每天能向每人讨一块钱，那我每月能得 30 万。但是，这不可能，不是每个人都肯给，而且每天也讨不了几个人。所以，我必须选定哪些是目标客户，哪些是潜在客户。”他越说越有劲，“华强北区域，我的目标客户是总流量的 3/10，成功率应为 70%，潜在客户占 1/5，成功率只有一半，剩下的，只能选择放弃。放弃是必要的，因为我没有必要把时间花在他们身上去碰运气……”

“那你怎么来定义这两种客户呢？”我很感兴趣地追问。

“首先，目标客户，就像你这样的年轻人，有经济基础，出手大方。另外，还有那些情侣，他们为了在异性面前不丢面子，也肯施舍，所以，这是目标客户。独自一个人的漂亮女孩，那是我的潜在客户，她们害怕纠缠，多数会花钱免灾。但还要把握年龄，这两类人，只能在二十至三十岁之间。年龄太大、已婚、有家庭负担、财政大权在老婆手中的这类人，根本没钱，恨不得反过来让我给他一些。”

“那你每天能讨到多少呢？”

---

① SWOT 分析法，是用来确定企业自身的竞争优势、竞争劣势、机会和威胁，从而将公司的战略与公司内部资源、外部环境有机地结合起来的一种科学的分析方法。

“周一到周五，生意差一点，200 元左右吧。周末，每天可以讨四五百元。”

哎呀，这么多啊。

他见我有些怀疑，就给我算了一笔细账：“我同你们一样，每天上班八小时，上午 11 点到晚上 7 点。周末，绝对准时。我讨一次，应为五秒或六秒，扣除走来走去和搜索目标的时间，大概一分钟讨一次，得一元钱。8 小时就是 480 元。再乘以 60% 的成功率，所以实际得到 300 元。”

“有些客户就是不给，怎么办呢？”

“是啊，千万不能黏着客户满街跑，那种死缠烂打不可取。肯给，早就给了。就算缠着不放，成功率也很小。不能把有限的时间浪费在不肯施舍者的身上，还不如去寻找下一个目标。”

呵！真不可貌相，这个乞丐倒像是一个资深营销总监。

“请你接着说吧。”我越来越感兴趣了，我还能从乞丐这里学到新的东西呢。

“有人说，当乞丐是靠运气吃饭，我不认同。举个例子，在‘女人世界’门口，一个帅小伙，一个漂亮女孩，你选哪一个去讨？”他反过来问我。

我想了想，结结巴巴地说：“不知道。”

“应该去男的那儿，身边就是美女，他不好意思不给。你要是去了女的那边，她可能装害怕，远远躲开了。再给你举一个例子，那天 COCO PARK 门口，一个年轻女孩，拿着一个购物袋，刚买完东西。还有一对青年男女，吃着冰淇淋。第三个走出来的是衣着考究的年轻男子，拿着笔记本包。我看一个人只要三秒钟。我毫不犹豫地走到女孩面前，向她乞讨。女孩很干脆地掏出两枚硬币给了我。女孩问我：‘你为什么只向我讨，不向他们讨？’我说：‘那对情侣在吃东西，不方便掏钱。那位男士是高级白领，身上可能没有零钱。而你刚从超市买东西出来，身上肯定有零钱。’”

我一听，真的惊讶了，这个乞丐的分析力、认知力可不简单啊！

“要用科学的方法来乞讨。躺在天桥上，能讨到钱吗？走天桥的人都是行色匆匆，急急而过，谁没事会爬天桥？爬上爬下多累？

“有一次，有一个人给我50元，要我替他在楼下喊‘安红，我想你’，喊100声。我一合计，喊一声花5秒，跟我乞讨一次花去的时间相等，所得只有5毛钱，我就拒绝了他。

“在深圳，一般一个乞丐每周能讨个千儿八百，运气好一点，也就两千多元。全深圳有10万个乞丐，大概只有10个乞丐每月能讨到1万以上。我就是这‘万里挑一’中的一个。而且每月保持稳定，不会有什么波动。

“认识我的乞丐，都知道我是一个快乐的乞丐。他们说，因为我讨的钱多，所以快乐。其实他们错了，正因为我快乐，有积极的心态，所以，我才讨的钱多。”

他说得多好啊。

“乞讨，就是我的工作，应该体会这份工作的快乐。雨天，人流少，有些乞丐不是埋怨，就是睡觉。这就错了，你要来体会这座城市的美，有时碰上一家三口，他们其乐融融，看见你随在后面，也会扔个硬币，你看着他们走了，就仿佛也看到了自己的身影。”

“你是不是也有老婆和孩子？”我声音太大了，引来了路人的侧目。

“有啊。我老婆在家做全职太太，孩子正在读小学，我在福田区按揭了一套房，10年分期，还差6年就还清了。我努力讨钱，将来供儿子读大学，一定要念市场营销专业，然后，让他子承父业，当一个比我更出色的乞丐。

“5 年前，我在‘微硬’中华大区做市场策划，月薪 5000 元，那时按揭了一台一万多元的 IBM 笔记本，每个月要还款 2000 元，干死干活，怎么也出不了头，我就辞职了，还是下海做乞丐吧，我下决心要做一个高水平的乞丐。”

听完，我很激动，请求说：“你收我做徒弟吧。”

…………

读完这段微信，我忽然想要写一篇文章《要饭的经济学》。你别看他做什么，要看他在怎么做？佛说众生平等、佛性平等。你如果有一颗平等心、平常心，那么，就不要小看了乞丐，不要小看了“要饭”。高手都在市场上。

道不远人，道在自心

人性中的真善美是什么？就是德。“德”的含义，无处不在。中国古称“礼仪大国”，这个“礼”与“仪”的核心，就是“德”。

当我读到报纸上这篇真实的故事的时候，我眼中蓄满了泪水……人性中的确有美好的本质：

春节前夕，金融机构特别忙碌，存款的、汇款的、转账缴费的，人潮不断，我家附近的小邮局更是挤满了人。忽见一位中年女子，未等叫号径自走到柜台前等候。

“先生，你昨天的账有平吗？”这位女子轻声问柜台的经办人员。听她的问话，好像她也懂金融账务作业。

“没有。”邮局人员回答。

“差多少？”

“六千多。”

这位女子从皮包内取出单据说：“这张划拨单收据7000元，我一时失察，当成700元，少给了6300元。”

邮局人员看了后随即说：“这张我有印象，很晚才做的。我昨天抓账抓到晚上八点，也没查出来。”

“抱歉，我应该补上 6300 元。”

这位女子说，那天晚上回家后发现皮包内怎么多出六千多元来！这才惊觉是划拨时少给了。她担心邮局经办员得赔付这笔短少的钱，可能难以成眠。划拨单写明 7000 元，邮局打印的收据也是 7000 元，所以很难查出何处短收。

“我曾在银行工作过，能体会经办人员忙中出错的心情，我也深感不安。”这位女子接着又说，“不该拿的钱，拿了，可能也要上医院花掉。”

这时，坐在后面的邮局主管拿出一份小礼物，送给这位诚实的女子以表达谢意，并半开玩笑地说“这个年好过了”，不然他的同事可要赔付这笔钱了。

邮局柜台里的工作人员都为这失而复得的钱感到欣慰，因为难得有人这样主动回来补付差额。而柜台外等候的人群中也有人鼓掌说，这事值得奖励。

某一年的年度代表字是“假”，我却在市井小民身上看到了人性的真善美。

这篇故事的结尾点出了“人性的真善美”。是，故事很短，人性的真善美却很感人。

试问，人性中的真善美是什么？就是德。“德”的含义，无处不在。中国古称“礼仪大国”，这个“礼”与“仪”的核心，就是“德”。周公制礼作乐，建立了中华优秀文化中以“德”为核心的礼乐传统。到了春秋战国时期，“礼崩乐坏”，孔子站出来提倡“仁”，以仁为礼之本，其实，这个“仁”的核心，还是“德”。到了后来的孟子、庄子，又有超越，强调个人化、内在化的“德性”，也就是“人心、道心”。正如《大学》中所谓“自天子以至于庶人，一是皆以修身为本”，这里说的还是“德”。不该拿的钱不拿，就是修身，就是人心、道心，就是“德”。我们国家领导人提出“以德治国”，提出“打铁还需自身硬”，即是这个本意啊。“道不远人”，道在自心。

挣钱，要找到钱的源头

怎么“愿打”，怎么“愿挨”，就是做生意的全部学问。这个学问的实质就是对人的理解和尊重，佛家叫“众生平等”，也叫“不二法门”，又叫“此有故彼有，此无故彼无”。

骑自行车再努力，也追不上宝马，说明平台很重要。

男人再优秀，没女人也生不了孩子，说明合作很重要。

一个人再努力，也干不过一群人，说明团队很重要。

用水想有保障，买再大的水桶，也不如挖一口井，说明源头很重要。

市场的源头在哪里？你挣钱、盈利的源头在哪里？简明地说，就在人与人之间的关系中。

美国社会学家丹尼尔·贝尔（Daniel Bell）把人类社会分为前工业社会、工业社会、后工业社会三个历史时期。前工业社会靠吸取自然资源（狩猎、种田）为生，是“对抗自然的游戏”。工业社会靠制造，是“生产率的游戏”。后工业社会靠信息和知识，是“人与人之间的游戏”。试问，不懂得人与人之间的关系，不学会与人相处，还能进行“人与人之间的游戏”吗？

工业社会的本质是物资，后工业社会的本质是服务。**服务的本质就是人与人之间的关系。市场关系，实际上是方方面面的人与人之间的关系**。市场游戏，就是人与人的游戏。你调查市场，就是调查人；你了解市场，就是了解人；你研究市场，就是研究人；你赢得市场，就是赢得人。

大家都知道亚当·斯密。他最著名的论断，就是那双“看不见的手”。这双手，到底指什么？我在几所大学讲课时都曾问过学员。有些读经济学专业的，也回答得莫衷一是。这双手，我说，就是双方有利、双方得益、双方利益的平衡。哪个双方？买者与卖者，即老板与顾客。中国的俗谚叫“一个愿打，一个愿挨”，两个都自愿，生意就做成了。但，打的“利”与挨的“利”都必须得到尊重。失去了这个尊重，要打，打不着，要挨，挨不上，生意就做不成了。怎么“愿打”，怎么“愿挨”，就是做生意的全部学问。这个学问的实质就是对人的理解和尊重，佛家叫“众生平等”（双方的关怀平等，双方的利益平等），也叫“不二法门”（买卖双方是一个整体，利益不二，共生共存不二），又叫“此有故彼有，此无故彼无”；马克思主义就叫“事物是彼此联系的，事物不会孤立存在”。

由此可见，管理学中所说的不可忘记的利益原则，绝不是有我无你、有我无他的利益。**真正的利益是彼此的共同利益**。团队中，不论员工、老板、上下、同事，没有你们、他们，只有我们。荣格（C. G. Jung）心理学中有一道公式：I（我）+We（我们）=Fully I（完整的我）。这个Fully I，才是真正的我。

对，这个 We，才是最大的平台，才是牢不可破的合作，才是铁一般的团队，如果包括、包容了你的客户、竞争对手，以及你的一切与之有关系的人，那么，这个“我们的”关系，才是你挣钱、盈利的真正源头。一个企业家，一个团队的成员，一个企业的所有员工，能不去认识这个真正的源头吗？

恭喜发财

佛家讲无常。因为无常，才没有静止，没有凝固，没有僵化，没有停步不前；因为无常，才有发展，才有变化，才有希望，才有美好的明天。无常也是福。

吉祥，是佛家语，意为吉庆，亦指吉事瑞兆。在古印度，摩揭陀国的首都王舍城，别名吉祥茅城，因而，摩揭陀国别名吉祥茅国，因该城四周崇山峻岭，盛产吉祥香草而得名。这种草，能吸热，敷为坐垫，诸虫不至，诸毒不生，且又香洁，故称吉祥草。据说佛陀在菩提树下成道时，即于此草上结跏趺坐。还有一个故事：佛将成道时，释提桓因（又译帝释天，即忉利天之天主）化为童子，手执净草，立于佛前。佛问：你叫什么名字？答言：吉祥。佛生大欢喜，谓破不吉，以成吉祥。佛又问他手中什么草？童子献上吉祥草，并向佛陀发愿：佛陀道成，请先度我。佛即以此草敷为金刚座，结跏趺坐其上，四十九日后，成道。这就是著名的吉祥童子的故事。

发财，是中国民间传统的祝福语。我生于20世纪30年代初，记得我小时候每逢过年，大人们见面第一句话，就是“恭喜发财”。发财是好事。在观世音菩萨身边站着两位侍者，一为龙女，一为善财童子。善财出生时，种种珍宝自然涌出，有相师给他取名善财。善为因，财为果。所以，佛家把财视为福报、福果。这是很有道理的。佛家告诉我们存好心、说好话、做好人，其本意就是发财。因为“三好”是善因，结为善果就是善财，就是厚德载福。

既曰迎新，必然辞旧。过去的一年，已经过去了，把过去交给过去吧。过去的一年，有成功，也会有失误；有收获，也会有蚀本；有赚得，也会有失去；有生利生财，也会有吃亏倒霉。这都不要紧，已经过去了，pass（过去）了，好的，不好的，都属于过去了。日本人过年，常常办忘年会，就是要大家把过去的一年通通忘记。不好的，已经过去，今年会很好；好的，也已经过去，今年会更好。那就通通交给过去吧。忘记，真好。这才是真正的告别过去，迎接新年。

佛家讲无常。冬天，过去，春天，到来。旧年过去，新的一年到来。这就是无常。好的，不好的，都会过去，这也是无常。在舍卫城郊外的祇园精舍，弟子罗陀有一天向佛陀提问：“您常说无常，究竟无常是怎么一回事呢？”佛陀回答说：“罗陀啊，人的肉体（色）是无常；人的感觉（受）是无常；人的念头（想）是无常；人的行为（行）是无常；人的判断（识）也是无常。”是啊，人的存在，就是无常，一切存在，也都是无常。无常实在好。因为无常，才没有静止，没有凝固，没有僵化，没有停步不前。因为无常，才有发展，才有变化，才有希望，才有美好的明天。

再说一个故事。郑板桥有位亲戚叫郑煊，他是做木材生意的。有一次货送到外地，不料价格狂跌，眼看血本无归。郑板桥知道了，送来一幅题词：吃亏是福。郑煊笑了：是安慰我吧。谁知没过几天，木材的价格又突然飙升，郑煊意外发了财，这才想起郑板桥的题词，原来这就是无常。无常也是福。

无常的智慧，西方人也有感悟的。西谚云：用争夺的方法，你永远得不到满足；但用让步的方法，你可以得到比期盼的更多。这就是无常啊。告别了过去，我们迎来了明天。告别了旧年，我们迎来了新的开始。

新年到，放鞭炮。爆竹声声，祥云袅袅，我合掌真诚祝福大家：

春润大地，德化万方；
人和心美，福慧无量。

人的管理

以人为本，本在哪里？佛法做出了最精到的回答：本在自心。

中国两千年来，就有儒家治国、道家治身、佛家治心之说。这个“治”，不就是管理吗？

一切管理，都是人的管理

管好自己的心，就是管好自己的念头，管好自己的知见。这就是最根本的自我管理。佛学与管理。

管理的学问，就是心的学问。你领会到了，就必然是一个企业、一个集团、一个单位、一个群体的高水平的心灵领路人。

在动笔之前，有必要先介绍一下有关佛教的四个背景资料：

一、西方学者在了解佛教、研究佛教之后，得出了一个结论：佛教是世界上唯一的无神论宗教；

二、佛教的源头在哪里？

三、释迦牟尼成佛后的一个重要细节；

四、中国佛教不同于印度佛教（原始佛教或小乘佛教）。

这四个背景资料不能不预先向大家做个介绍。

一、佛教是世界上唯一的无神论宗教

西方学者的这个结论是有道理的。

迄今为止，除佛教而外的其他一切宗教，都是一神论，都是天启。

而佛教不承认有造物主、创世主，佛教不探讨第一因，也不承认第一因。佛教的全部理论基石是缘起论。一切由缘而起，宇宙、人类、万事万物都由缘而起、由缘而生。生必有灭，缘聚而生，缘散而灭。缘是众缘，不是孤立存在，这里没有创造者、主宰者、独存者，一切都是相互依存、共生共荣的。所以佛教讲“无我”。“我”都没有，神在哪里？佛教中没有神的位置，没有造物主、创世主、救世主的位置，没有上帝的位置，佛教也不搞偶像崇拜、权威崇拜，佛教拒绝偶像和权威。佛教讲的是众生平等，佛性平等，人人皆可成佛。

二、佛教的源头在哪里？

佛教的源头在自心。不在另外一个世界，不在他人那里，在你自家心里，叫“自家宝藏”。

释迦牟尼成佛之前，当然没有佛教。释迦牟尼是人，不是神。世界上除佛教而外的其他所有宗教的最高教主，都不是人，都是人所未见过的、绝对的神灵的存在。唯有佛教不是，佛教的最高教主佛陀是人，历史上实有其人，是一个活生生的人。“佛陀”的解释，就是智慧的人、觉悟的人。

这个人姓乔达摩，名悉达多。他是古印度迦毗罗卫国的王太子，29岁出家，35岁成佛，成了一个开悟了的、了知宇宙和人生真理的人。

他怎么成佛的？是自己经过禅修，打开了自性、自家宝藏的大门而自证自悟、亲证亲悟的。所以，佛陀的成佛，佛陀的创立佛教：

不是天启

不是神示

不是先验

不是知识

不是别人的传授或给予

那么，这五个“不是”就和其他宗教区别开来了。佛陀的一切发现、证悟和经教的提出，都来自他的心，来自他的自心，来自他的证悟，不从外得，不从他得。也就是说，佛教的源头在心，在佛陀的自心，也在人类的自心。

三、释迦牟尼成佛后的一个重要细节

佛陀成佛后，或者说成佛之时，有一个重要细节，很多人都把它忽略了，或者没有引起足够的注意。这个细节很重要，在“八相成道”中，叫“诸天劝请”。

佛陀在菩提树下证道后，曾经犹豫，是不是要把佛法留传人间呢？他想：世人竞逐名利，我所悟得的正法，是如此甚深微妙，以不贪为目的，以解脱为究竟，如果我传播这一与世法相反的言教，恐怕世人既不能理解，又不会接受，那将是一件非常困难的事啊！

这是一个很重要的细节，是传法人间还是不传人间呢？这时，惊动了梵天（天神，或天人）。

梵天向佛请求说：“如果世尊不把证得的佛法留传人间，那么，世人就会由此失去听闻佛法的良机。所以请佛说法，因为有些世人聪明睿智，少欲少恼，若佛不说法，他们就会因此而沉沦，如果他们能听闻佛法，就会获得解脱，这是广度众生的大事啊。”

这里所说的梵天劝请，其实还是佛陀的一念悲心。就在佛陀沉默不语之际，佛陀脑海中浮现出一幅图像：有一片莲花池，一些莲花深深沉在水底，永远无法到达水面；有些盛开在水面之上；有些几乎刚刚触及水面。第一类永无开放的一日；第二类花已脱离困境，正在迎风开放；第三类只需要一点点协助就可绽放了。

同样，众生也可分为三类：有些人受困于误解、迷惑与错误的知见；有些人已经找到真理；第三种人，即仍然在寻找道路的人。第一类人，已经很难帮助他，也很难说服他，他没有辨识正途的能力。第二类人，已经踏上正途。这两种人，都无须教诲。只有第三种人，他还在选择一条路，寻找一条路。佛陀意识到，只需要给予一点小小的帮助就能走上正路的第三类人，就是他要说法的对象。

上面这个细节，极其生动地说明了佛陀的证悟，不是天启，不是神示，不是先验，不是知识，不是任何人的传授，而是非常生动、非常可亲可证的，不僵化、僵硬，不是教条主义，他不是要所有人都来接受它。佛度有缘人，这是千真万确的。

这个细节告诉了我们四点：

（一）佛证道后，原不想把佛法留在人间，原不想在其时其地、在这个世界上有创立佛教这个预设的目的。他甚至想当时就进入涅槃，无言而去。

（二）诸天劝请，仍是他心中的慈悲一念。悲悯众生，目的在利人、利他，把自己的发现和亲证亲悟留给人间。这仍然是慈心悲愿，利益人天，救度众生。

（三）但是这个世间叫“五浊恶世”，众生并不都是能够接受佛法的，佛陀已经清清楚楚地认知：世人竞逐名利，我所悟得的正法，是如此甚深微妙，以不贪为目的，以解脱为究竟，如果我传播这一与世法相反的言教，恐怕世人既不能理解，又不会接受，那将是一件非常困难的事啊！是把佛法留传人间，还是不留传人间？这一个细节说明，佛陀对人间有清醒的认知。这个“困难”，也是一种“两难”。这个“两难”，是在诸天劝请后才做出了克服这个“难”、承担这个“难”的选择的。这显现了佛陀不为“难”所阻，是超越这个“难”的慈心悲愿所必然的勇猛精进。

（四）最重要的是，佛陀脑海中浮现出一幅图像。这幅图像，用今天的语言讲，即“形象思维”的力量。

池中莲花，有三种：

第一种，沉在水底，永远到不了水面（永无开放的一日）；

第二种，已盛开在水面之上（已脱离困境，正迎风怒放）；

第三种，几乎刚刚触及水面（当然，还在水面下，但只需要一点点帮助，就可以到达水面之上，绽放花朵了）。

这三种莲花，暗示了众生也可分为三类：第一类，陷于迷误、固执、顽强，难调难伏，你根本改变不了他；第二类，他已找到真理，已踏上正途，已在自在之境，当然不需要你去指引他；唯有第三类人，他还在选择一条路，寻找一条路，佛法要传播的对象，就是这第三类人。只有这一类人，才需要佛法啊！也才是佛法要教化的人。

这就很清楚了。

第一类，与佛法无缘，佛也度化不了他。

第二类，无病不须医。

第三类，才是需要佛法、也能接受佛法的人，佛陀正是为这类人说法的。

以上四点，正是佛陀证道时在上述细节中已经指明了的。

四、中国佛教不同于印度佛教

佛教诞生在印度，于公元前2年传入中国，当时是西汉末年的汉哀帝元寿元年。从那以后，佛教逐渐被中国接受了。从汉到魏晋，大约四百多年间，经过试探、融入、适应并逐步改变，到南北朝时代，佛教几乎已完全中国化了。到了隋唐时代，中国佛教发展到鼎盛时期，这个外来的文化，几乎已成为中国文化的主流了。佛教在中国所产生的八宗，即天台宗、三论宗、法相宗、律宗、华严宗、禅宗、净土宗、密宗，可以说，正是佛教中国化后的必然结果。这些宗派的出现，已具有鲜明的中国特色，早已不是原来传入之前的印度佛教了。一句话，中国佛教是在中国文化土壤中生根、发芽、茁壮成长起来的佛教。

中国佛教源于印度，但佛教中国化以后，已非印度佛教原貌。认识这一点十分重要。这既是外来文化改变自身、接受中国文化的结果，也是佛教自身的融合力、摄受力与强大生命力的必然。相对于印度佛教，中国佛教又有许多发展和创新。上述中国佛教八宗的创立，即是见证。正因为中国佛教有强大的生命力，研究中国历史的学者都知道：中国社会的意识形态在战国之时，是儒、墨、道三家；秦汉之时，是儒、法、道三家；东汉后至今的两千多年间，就是儒、释、道三家了。

这两千多年来，儒、释、道三家，已成为中国历史传统文化的DNA，成为中国不可分割的完整的民族精神，成为中国人文传统的组成部分了。讲国学，怎么都离不开儒、释、道三家。

五、佛学与管理

一切管理，都是人的管理。离开了人，还有什么管理？

西方管理学强调的是资本、技术、原材料，全是物，看不到人。后来，谈到了人力资源，也设立了人力资源部，但人还是在资源的范畴，即物的范畴，是被放在工具的位置上。

日本人发现不对，提出了“造物先造人”，强调人的培养，知道不能忽视人了，但还不是以人为本。以人为本是中国文化的思想财富。

以人为本，本在哪里？佛法做出了最精到的回答：本在自心。

以心为本，才是真正的以人为本。佛门是心门，佛法是心法，佛学，是心灵的学问。所以，庄子说得好：

吾闻中国之君子，明乎礼义而陋于知人心。

“知人心”这一理论系统就在佛学当中。对“心灵”的认知，迄今为止，任何学术领域，恐怕都没有达到或能够超越佛学水平的。

唐代玄奘大师为什么要远涉万里、历尽艰险去印度取经？他在印度17年，取的什么经呢？回到长安后，不仅译经，还创设了法相唯识宗。这是佛教的什么宗？

中国佛教的根本特色在“禅”。由六祖惠能大师开创的祖师禅，这个禅的“中国特色”在哪里？

可以说，都在心的学问上，都是“知人心”的完整理论系统。

回到管理上来，中国两千年来，就有儒家治国、道家治身、佛家治心之说。这个“治”，不就是管理吗？

人，好管理吗？我说，人不好管理。香港赌王何鸿燊先生的赌业王国著名得很，身家多少个亿，他能管得了他的四位太太吗？九十多岁了，还奔波于法院、法庭和四房太太之间。这个社会太复杂了。不，社会不复杂，是人太复杂。人也不复杂，是人的心太复杂。

佛经中说“制意为善，自调则宁”，这个心，还是要靠自己去管的。

自己的心，只有自己才能管住。所以，你当老总、当老板、当 CEO，你要管好人很简单：让你的员工、部下自己管好自己就行了，就这么简单。

自己管好自己，不就是自己管好自己的心吗？

《俱舍论》云：眼所现见，名为所见。从他传闻，名为所闻。自运己心，诸所思构，名为所觉。自内所受，及自所证，名为所知。

这个“觉”，是感觉、感受、直觉，属于感性认识，不属于逻辑系统，与逻辑系统无关，是非逻辑形式的。经过“及自所证”，亦即概念、推理，这就到了逻辑形式、逻辑系统中来了，所以称为“知”。因此，把感性认知和理性认知统一起来，佛教统称为“觉知”。

六祖惠能云：善知识，菩提般若之智，世人本自有之。

只缘心迷，不能自悟。

什么是心迷？就是着相、住相、停留于相。也就是把认识停留在外部现象上，忘记了自心，即忘记了认识自心。

佛以心为宗，到了惠能大师，他发展为“无念为宗，无相为体，无住为本”，就是破执着于相。相，也就是“境”。这个“无念”“无相”“无住”，就真是心的大学问了。

六祖惠能云：

善知识，凡夫即佛，烦恼即菩提。前念迷即凡夫，后念悟即佛。前念着境即烦恼，后念离境即菩提。

这句话点到根上来了。迷与悟的差别，就在“着境”还是“离境”。着境，就有烦恼；有烦恼，就是凡夫。“离境”就是菩提；得菩提，就是佛。

谁着境，谁离境？当然是你的心。用现代语言讲，是你的思维方法，是你的认知。“烦恼”与“菩提”正是不同的思维方法所引致的认知。可见，凡夫和佛用什么来区别？就是“认识论”中的“认识”，即不同的认知，就是不同的知见。你是凡夫的知见，所以你是凡夫；你是佛的知见，所以你是佛。

在印度佛教中，佛是果位，是圆满等觉的最高境界。六祖惠能说的“不修即凡，一念修行，自身等佛”，这里“自身等佛”，实际上是等佛知见，并不是说已经等同佛的果位，等同佛的觉行圆满，等同佛的五眼六通，得十力无畏，具足大自在的境界了。这正是中国佛教的新高度、新超越，和印度佛教是不同的。

我之所以引用《六祖坛经》中这几段名言，就是因为六祖把最复杂、最不好懂的佛教甚深妙义，简单化、简明化了，好学易懂也好记了。

心在哪里？一念之间。

念头是什么？是你的思维方式。

思维方式表现出来，就是你的知见。知见对了，一切都对了。知见错了，一切都错了。错误的知见叫迷，正确的知见叫佛。

为什么知见会错、会迷？就因为着境，着相，有住。

为什么知见正确、不迷，就因为离境，离相，无住。

管好自己的心，就是管好自己的念头，管好自己的知见。这就是最根本的自我管理。在西方就叫 SQ（Spiritual Quotient，灵商）。

管理的学问，就是心的学问。你领会到了，就必然是一个企业、一个集团、一个单位、一个群体的高水平的心灵领路人。

利益最大化，就是原则

原则与利益，那可不是一道简单的数学题啊。这里的加减乘除，奥妙无穷。在利益面前，义，才是真正的原则，最高的原则。

Which is the principle（什么是原则）？你知道什么叫原则吗？人人都会讲原则，原则却往往在他的行为中忘记了、丢失了。

在某个王国里，有一项很特别的习俗，任何人在国王的宴席上，都不可以翻动菜肴，而只能吃上面的那一部分。有一次，一位外国使臣来到这个国家，拜见国王后，国王设宴招待他。宴会开始了，侍应端上来一条盖着香料的鱼，这个使者不知道习俗，吃到一半后就把鱼翻了过来。大臣们看见了，齐声高喊道："陛下，您遭到了侮辱！在您之前从来没有一个国王遭到过这样的侮辱，您必须立即处死他！"国王叹了口气，对使臣说："你听见了吗？如果我不处死你，我就会受到臣民的嘲笑。不过，看在贵国和我国的友好关系上，你在临死前可以向我请求一件事，我一定应允。"使臣想了想说："既然是这样，我也没有办法，我就向您提一个小小的请求吧。"国王说："好，除了给你生命，其他什么要求，我都可以满足你。"于是使臣说："我希望在我死之前，让每一个看见我翻转那条鱼的人，都被挖去双眼。”国王大吃一惊，连忙以上帝的名义发誓，说自己什么也没看见，只不过是听信了别人说的话。接着，在一旁的王后也为自己开脱：“仁慈的圣母在上，我可是什么也没有看见啊！”对此，大臣们面面相觑，一个个站起来，指天画地发誓说，自己什么都没看见，因此不应该被挖去眼睛。最后，使臣面带微笑地站了起来，说：“既然没有人看见我翻动那条鱼，那就让我们继续吃饭吧！”使臣凭借自己的智慧回到了故土。

这好像是一个智慧故事，可是我们在佩服使臣机智的同时，也会有另一方面的思考：那些所谓不可改变的原则和貌似忠诚的众臣，其实并非无懈可击。当人们触及他们自身利益的时候，其原则就会被丢弃了。

原则是人订立的，需要有人去执行、遵奉和体现。原则的尊严不在文字上、口头上、会议上、书本里，而在人的行为之中。坚持原则，在哪里坚持？在行为上啊。离开了行为，原则不还是原则吗？但那只是纸上谈兵。一接触到利益，行为马上变了，原则当然也已置之脑后了。这几乎是一种社会常态。

可是，在商品经济社会，哪有不讲利益的？利益，也是原则啊，叫“利益原则”。不但要讲利，而且要讲利益最大化。这个利益最大化，就是原则。其实，在中国传统文化中，我们的古圣先贤，是最重视利益最大化的，早就提出过利益最大化了。真正懂得利益最大化的是圣人。

《易传》里说“立成器以为天下利，莫大乎圣人”，是指立成大器者，以天下利为利。《孟子·梁惠王章句上》中，孟子见梁惠王，王曰：“叟，不远千里而来，亦将有以利吾国乎？”孟子对曰：“王何必曰利？亦有仁义而已矣。王曰何以利吾国，大夫曰何以利吾家，士庶人曰何以利吾身，上下交征利，而国危矣。”这一段精彩的对话，揭示了孟子的大局观。孟子不是不讲利，而是强调义。这个义，才是最大的利，最根本的利，是天下之利，是人类之利，这才是圣人的心胸和怀抱啊。故《易传》里说“利者，义之和也”，以义为利，这才是真正的利益原则，这才是利益最大化。

在利益面前，义，才是真正的原则，最高的原则。

原则与利益，那可不是一道简单的数学题啊。这里的加减乘除，奥妙无穷。真正的原则在哪里？如果不能弄清楚，那对我们将是极大的迷误。**真正的原则是不会被遗忘的。原则不在别处，还是在人心，在自心**，“知之一字，众妙之门。”

无缘大慈，同体大悲

仆，在古代是驾马车的人。对于车子而言，仆是管理者、驾驭者；对于乘车的人而言，他是服务者、奉献者。为人民驾好车，“不输尔载”，这不是一种大爱吗?

李焯芬教授在香港《菩提》月刊《大城市·小故事》专栏中，为我们说了一个精彩的故事。

2009年初，中国红十字会准备招聘一位高级管理人员，由于待遇不菲，应聘的人很多，仅招聘信息公布的当天，网上报名已达两千七百多人。

经过严格的初试与复试后，只有三人进入了最后的面试。这次面试，由中国红十字会秘书长亲自主持。

面试开始后，在问答与抢答等环节，三位青年才俊思维敏捷、沉着大方、见解独到，可谓难分伯仲，听到精彩处，连主考的秘书长也频频点头，表示赞赏。

到了最后一道考题，先播放一段新闻录像：一位扎着马尾辫的年轻貌美的姑娘正在穿过马路，突然，一辆大货车疾速冲过来，眼看惨剧就要发生，姑娘旁边一个男青年飞身扑过来，推开她，自己却倒在血泊中。

秘书长接着问："这是1999年发生在山东济南的一场真实的交通事故。现在请你们根据录像中所见的画面来判断一下，这位男青年与那位姑娘是什么关系呢？"

第一位想了想说："他们是情侣关系。你看，他们俩的上衣，分明是一套情侣装嘛。"

第二位回答说："他们是兄妹关系。我注意到他们的鼻梁上都有一道明显的皱纹。现代医学证明，鼻梁上的皱纹都是遗传因素造成的。"

秘书长笑了："你真细心啊，这么微小的细节你都注意到了。"他把目光投向第三位应试者。

第三位说："很抱歉，我实在找不到任何可靠的线索来判断他们的关系。但我认为，他们不过是萍水相逢的陌生人而已。我宁愿相信：在这危急关头，任何一个有良知的人都会挺身而出，不一定是情侣或兄妹才会这样去做。"

听了这个回答，秘书长走过来，用力握住第三位应试者的手，真诚地说："欢迎您的加入。"

李焯芬教授点题说：其实，这是一道心理测验题。目的是测试应考者在关键时刻，他心里首先想到的是什么。

李焯芬教授分析说：爱情动人，亲情温馨，但说到底，这都是小我，而相信陌生人之间也会见义勇为、无私奉献的人，这当然是心有大爱的人。中国红十字会是一个公益组织、社会救助团体，最需要的正是心有大爱的工作人员。

李焯芬教授说得好，所谓爱心，是对自己以外的生命的一种关爱、一种保护、一份奉献，包括对人、对动物、对小花小草等一切有生命的东西。只关心自己，只为自己着想，那不是爱心，而是自私。佛教提倡的“无缘大慈，同体大悲”，道教提倡的“齐同慈爱，异骨成亲”，基督教提倡的“爱人如己”，我们国家领导人提倡的以德治国、和谐社会，其实都是大爱。

我想借用李焯芬教授所说的这个故事，来印证“人民公仆”的“公”，不就是人间的大爱吗？大公无私、公而忘私、先公后私，包括毛泽东主席生前所说“毫不利己，专门利人”，都是一种大爱，是对别人的爱，对大众的爱，对社会的爱，对国家、民族、集体整体的爱。中国传统文化中，自古就有“官为民仆”的文化基因。“仆”字何解？仆，在古代是驾马车的人。《诗经・小雅・正月》“屡顾尔仆，不输尔载”，《论语・子路》篇“子适卫，冉有仆”，前者说：请照顾好为你驾车的人，他就不会失落所载之物，就能不打折扣地完成为你运载的任务了。后者说：我的老师孔子前往卫国去，他的学生冉有为他驾车。对于车子而言，仆是管理者、驾驭者；对于乘车的人而言，他是服务者、奉献者。为人民驾好车，为人民奉献自己的管理与勤劳，“不输尔载”，这不是一种大爱吗？如果连一点爱心都没有，还能成为公仆，成为驾好车子的驾车者、运载者、前进者吗？

自他不二，人我一体

你尊重、关心、爱护你的员工，你的员工会百倍地爱你的企业。这就是领导科学。

归属感、凝聚力，都是行为科学与现代管理科学中常用的词。一个领导者，要让部下、员工热爱你这个单位、这个企业，视之为自己的家、自己的命根子，这就是归属感。归属感来源于凝聚力，归属感又体现凝聚力，这就是现代管理科学中重要的思想精髓，也是企业伦理中不容忽视的重要内涵。

我想到一个过去的故事，这个故事曾使我激动不已，至今难忘。

大概 30 年前，上海药物研究所有个科研人员梅放，曾获全国科学大会优秀成果奖、上海市重大科技成果奖，是所里的顶梁柱。他与广州进行的合作课题取得了巨大的成功，白云山制药厂急需调梅放到广州工作。调动手续都已办好，忽然上海发来急电：梅放晚期胃癌复发，病重入院，危在旦夕。为了不给广州添麻烦，梅放不来了，就由上海药研所负责到底吧。

这是明摆着的事实：一个病危的人，怎么能调动，又怎么能塞给一天也没有上过班的单位呢？然而，广州厂方却这样答复：梅放已经是白云山的人，不管病情如何，我们愿全力抢救。上海方面说：他沉疴不起，已不能工作，何必再来？广州厂方说：只要活着一天，我们就要照料他。最后征求梅放本人意见。梅放说，上海工作已经移交了，广州有一件工作又急待自己去做，在世之日不多，也许还来得及完成它，就去白云山吧。这样，梅放躺在担架上，由飞机送到广州，直接送南方医院抢救。梅放挂念的工作是甲苯咪唑有效结晶的重复实验，他在病榻上指导了这项工作，一个月后取得成功。第二天，他便停止了呼吸。

这个临终前的调动，按世俗的眼光，谁都有理由把垂危者推给对方：你已调走了，就去广州吧；你还没有报到，就别来了吧。使用价值已趋于零，谁还愿背这个“临终”的包袱呢？但是，上海药研所和广州白云山制药厂的领导人，不但没有这样做，而且各自寻找理由将这位绝症病人往自己身边拉，都抢着承担最后的责任。上面介绍的那番对话，情理相生，情真意切，感人肺腑。对一个科技人员价值的肯定，对一个垂危者的关心与护持，一个单位组织的道德义务，一个领导者的胸怀与领导水平，一家企业的社会责任，都在这里得到了光闪闪的体现。

“揽涕黄金台，呼天哭昭王。无人贵骏骨，骙耳空腾骧。”如果李白生在今天，他也听到了这则故事，就不会再“揽涕呼天”了。还是韦执谊说得好：“田忌收老以成仁，卒强齐国；燕昭市骨而种德，乃获乐生。”燕昭王求贤，郭隗以千金市骨为喻，说明诚以待人，人才必至。果然，梅放含笑安葬于白云山之后，白云山制药厂陆续新进一百多位成就非凡的科技人员，几乎都是慕名投奔而来的。这种归属感、凝聚力，无须动员号召，众星拱月、百鸟朝凤，自然归心。

20世纪80年代初，我到广州参访时就听说广州有四大能人，白云山制药厂的党委书记便是其中之一。争夺一个垂死者，是聪明还是愚蠢呢？今天，听到这个故事，你会怎样思考呢？

我还听说一个美国的故事：芝加哥一家公司的老板A，看中了洛杉矶一家公司的CEO（首席执行官）B，这位老板爱才若渴，想把B挖过来。A问："你在他那里，每月薪金多少？"B答："××数。"A说："你到我这里来吧，工作同你现在的一样，但我给你的月薪，是××数的三倍。"B想了一想，说："谢谢你对我的看重，你提出的三倍于现在的工资，对我也确实很有吸引力。不过，我不能来。因为我走了，现在这家公司很可能就要垮了。我不能做对不起老板的事啊！"B果断而委婉地拒绝了对方的敦聘。这则故事同样说明了一个员工的归属感与凝聚力。挖也挖不走，抢也抢不去。为什么？

这就是领导科学：你尊重、关心、爱护你的员工，你的员工会百倍地爱你的企业。人才荟萃，你的企业形象良好，你的企业是职工的家，这种知遇之恩的向心力效应，大概绝不是简单的"投入产出"的数值所能说明、所可比拟的。在佛家，这就叫"自他不二，人我一体"。利他，才能自利，慈悲心、平等心是真正的管理科学中的真谛。

保护关系的微妙性

只要你是一个社会人，一个并非离群索居的人，你永远都在人与人之间的关系中。人与人之间的信任、认同、感情联系、互助互动，是很微妙的。

在集体中，人与人之间应该保持何样的关系？挣钱，即盈利的源头，就在人与人之间的关系中，离开这个关系，你何处去挣钱、去盈利？人的尊严、道德自主性、人格状态及一切价值观，都只有在人与人之间的关系中才能体现出来。也就是说，人存在的责任感、使命感，人的权威与自由，离开了人与人之间的关系，是并不存在的。**只要你是一个社会人，一个并非离群索居的人，你永远都在人与人之间的关系中。**

什么是“公司”？公司—— Company，就是指“一群伙伴”（a group of company），即彼此之间是伙伴关系，老板和员工、部门与部门、员工与员工之间是伙伴，上下级之间也是伙伴。朋友是伙伴，合作者是伙伴，夫妻不也是伙伴吗？可见，伙伴，正是一种特殊的人与人之间的关系，而且是亲密的互助关系，人与人之间的信任、认同、感情联系、互助互动，是很微妙的。我们哪个企业没有制度？有些问题，制度可以解决。

有些问题，有制度也解决不了。解决不了的，就是这种微妙性。可见，我们不但要研究这种微妙性，而且要保护这种微妙性，发扬这种微妙性。**一旦人与人之间关系的这种微妙性丧失了，事情反而不好办，也办不好。**中国民谚中有所谓“一个和尚挑水吃，两个和尚抬水吃，三个和尚没水吃”，这个“三个和尚没水吃”，就是这种关系的微妙性被破坏了。

为了保护这种人与人之间关系的微妙性，我们的古人留下了许多名言和告诫。比如：“会做儿子的两头瞒，不会做儿子的两头传”“外人要捧，家人要哄”，这说的都是对人与人之间关系微妙性的保护。在中国古代，宗族观念很盛，一个大家庭，祖孙三代四代同堂，全住在一个家宅中。这里，最微妙的是婆媳之间的关系。儿子夹在妈妈和老婆之间，这就微妙了。会做儿子的要两头瞒，不会做儿子的则两头传。不该说的说了，传给双方，婆媳关系就更紧张、更水火难容了，这就是破坏了那种微妙性了。对外人的“捧”，不是吹捧的捧，而是赞叹、赞扬、赏识，看到别人的优点、长处，尊敬别人，佛家就叫“感恩”，感众生之恩，恒顺众生，随喜功德。对家人的“哄”，不是“骗”，不是虚情假意，而是关怀、体贴、循循善诱、耐心启发，佛家就叫“和合”“慈悲”“悲悯众生”。这都是对人与人之间关系微妙性的一种保护。

懂得保护人与人之间关系的微妙性，有两点要特别注意。这两点，连外国人都明白了。所以，我引用两则外国人的故事来说明它。

第一，要懂得保护别人的面子与尊重别人的缺陷

迈克工作时从屋顶上掉下来，被利器割掉了双耳。公司赔偿他一大笔钱。一段时间过后，迈克决定用这笔钱投资一家小型电信公司，但他对电信业务经营一无所知，于是开始招兵买马。

迈克对前来求职的三个人进行面试。第一位绅士表现出色，他精通电信运营。面试快要结束时，迈克问了他最后一个问题："你觉得我身上有与众不同的地方吗？"绅士顿了顿说："呃——当然，我发现你没有耳朵。"迈克勃然大怒，大声呵斥道："出去！你不会被录用！"第二位是个女士，她的表现胜过那位绅士。面试结束时，迈克也问了她同样的问题。该女士立刻回答说："你没有耳朵。"迈克心中不快，同样没有录用她。

第三位是个大学刚毕业的俊朗聪慧的小伙子。在经营方面，前两个人的天资加在一起也不如他。迈克十分想雇用他，但是他仍然没忘记问最后一个问题："你觉得我有什么与众不同的地方吗？"令他难以置信的是，年轻人回答道："当然，我发现您戴了一副隐形眼镜。"迈克大喜，他当即与这名年轻人签了五年合同。

签完字，迈克兴奋地说："年轻人，你不但聪明，而且观察细致。不过，你怎么有这么好的观察力，能够发现我戴着隐形眼镜？"年轻人说："我猜想您不需要戴框架眼镜。"这是不是既避开了人的缺陷，保护了人的面子，也保护了人与人之间关系的微妙性？

第二，不要轻易考验人性

尼尔斯·吕贝里·芬森（Niels Ryberg Finsen）是丹麦著名医学家，也是获得诺贝尔奖的临床医生。到了晚年，芬森准备寻找接班人。在助理乔治的配合之下，芬森从很多慕名而来的医学界才俊中选了一个名叫哈里的年轻医生。但是，医学研究十分枯燥，芬森有点担心这位年轻人不能坚持下去。

乔治建议道："先生，据我所知，哈里家境贫寒，您不妨请您的朋友假意出高薪聘请哈里，看他会不会动心。如果他被金钱所诱惑，自然不配做您的弟子。”

芬森回答说：“谢谢你的提议，但是我不能采纳。我一直都很赞同一个观点：不要站在道德制高点去俯瞰别人，也永远别去考验人性。他出身贫寒，怎么会不对金钱有所渴望？如果我们一定要设置难题考验他，问他说，给你一个高薪且轻松的工作你干不干？对他来说，内心肯定是纠结的。因为，他要在现实生活与梦想面前作出两难的选择。而他跟着我研究医学，根本不必到那一步，我何必渴求他必须是一个圣人……”

最终，哈里成了芬森的弟子。若干年后，哈里成为丹麦十分有影响的医学家。

后来，哈里听到了芬森当年拒绝考验自己人性的事，老泪纵横地说：“假如当年恩师用巨大利益作诱饵，来评估我的人格，那么我肯定就掉进了这个陷阱。因为，当时我的母亲患病在床，需要医治，而我的弟妹们也等着我供他们上学，如果那样，我就没有现在的成就了……”

注意：这个“微妙性”，是无处不在的，哪个单位没有制度？有制度也解决不了的问题，那就是一种人与人之间的微妙性。

弘法利生，做你自己

佛教提倡弃绝贪嗔痴，学修戒定慧，在沃伦和彼得这对巴菲特父子的精神世界里，我看到了这种弃贪自律的心灵闪光。

彼得·巴菲特，是叱咤全球的“股神”沃伦·巴菲特的幼子。他没有依靠他的富爸爸住豪宅、开名车、大肆挥霍家中用之不竭的财富。他既不炒股，也没有跟着富爸爸步入华尔街。他义无反顾地要“做自己”，他的做人格言是：流自己的汗，吃自己的饭。

彼得生于1958年，从小看到了父亲的辛劳。他说：“父亲每周要工作六天半。于是，我就想，要刻苦读书，不要给父亲增加麻烦。”小学四年级时，学校举办一次飞机模型比赛。为了参赛，他决心自费购买模型。钱从哪里来？他到父亲公司做了十五天“清洁工”，用这笔收入，买了一架飞机模型。他记得父亲从小就对他说的一句话：有能力的父母，应该给子女一笔能让他做事又不足以游手好闲的财产。有个良好的开场，总是好事，如果让子女习惯于靠伸手拿“免费票”，就是害人、帮倒忙。可见，“股神”巴菲特从不让孩子乱挥霍。孩子也很感激父亲从小就给了他们这种教育方式。

小彼得六七岁时，就对音乐如醉如痴，他的乐感很强，心情不佳时并不哭闹，而是走到钢琴前弹奏一曲儿歌。19 岁那年，他还是斯坦福大学的一名在校学生，凭自己的劳动，有了一点私人积蓄，他没有购买股票，而是用这点积蓄购买了比金钱更宝贵的东西——时间。彼得退了学，就用这笔钱开始了他的音乐之路。他向父亲报告了要从事音乐事业的打算。父亲认真倾听，不做评论，也不提任何建议，只是对小彼得说："你和我，其实都在做一件事，音乐是你的画布，我开的伯克希尔·哈撒韦公司是我的画布，我每天都在上面画上几笔。"小彼得把父亲的这番话作为自己最需要的回答，因为"他把他的工作和我的工作相提并论，平等看待"，这不是对孩子最好的支持吗？

小彼得走上了音乐之路，第一次配乐，内心忐忑不安，不知能否成功。当拿到 100 美元的配乐费时，他哭了。他将这 100 美元放在镜框里，挂在墙上，每天看到它，内心就有一种动力。

彼得长到 30 岁了，事业也小有成就。但他想买一间大房子，想向父亲借点钱。"股神"巴菲特却以"我们父子不要谈钱"的理由拒绝了。这是父亲吝啬吗？不，彼得回忆说："如果父亲真给了我，我反而没有机会去体会靠自己努力才取得的那种成就感了。这正是父亲对我的爱的一种表达方式。"

到了 20 世纪 80 年代末，彼得终于获得了事业上的成功，成为美国音乐制作人，艾美奖的获得者，他创作的许多音乐作品由美国公共广播公司播出，并在全美巡回演出。

2008 年，在洛杉矶帕利媒体中心，"股神"巴菲特第一次在公开场合听了彼得的音乐会。记者采访他时，他只说了一句："我是来看看我给儿子从小的钢琴课投资得到了什么。”台下掌声雷动。

彼得2010年出版了一本书《做你自己（Life Is What You Make It）》，他以亲身经历告诉人们，他的爸爸从来不曾想过要把家产、财富留给自己的孩子。他说爸爸唯一留给他的“真正的东西”就是：流自己的汗，吃自己的饭。

这里，我不能不指出，“股神”巴菲特和他所教养的三个子女，都从来没有把财富、家产视作自己的“命根子”，他们都把钱看得很淡，他们过着舒适但绝不奢侈的生活，他们各自做着自己的工作，并且热心公益，关心社会的慈善救济。彼得在他的书中回忆说：“父亲百年之后，会把所有的资产都捐助给慈善机构。他的价值观就是热爱生命，做一些对他人有帮助的事，而不是仅仅追逐个人利益。”

说得太好了，热爱生命，是热爱他人的生命，热爱一切生命。活着要关心他人，帮助他人，而不是仅仅追逐个人利益。所以巴菲特的三个子女——大女儿关注女性生育健康，二儿子关注非洲的保护和建设（已向四十多个国家捐款），彼得本人的基金会则援助西非国家儿童教育，他们都用自己的辛苦所得关注社会慈善事业。这与佛陀的“弘法利生”精神不是如出一辙吗？

作为一个货真价实的“富二代”，彼得的故事会给中国的为人父母者以怎样的启发呢？佛教提倡弃绝贪嗔痴，学修戒定慧，中国禅宗更有“一日不作，一日不食”的农禅传统。在沃伦和彼得这对巴菲特父子的精神世界里，我看到了这种弃贪自律的心灵闪光。

大家平等，彼此平等

把人仅仅看作一种工具的观念，是一种认知的误区。人与人的关系，本质上是一种尊重的关系。你要达成你的目的，就必须尊重他；他要达成他的目的，也必须尊重你。

老板想：做多少事，领多少钱。

员工想：领多少钱，做多少事。

两个想法不一样，说明这是两种不同的思维方式。形式上不同，其实都陷入了同一个误区。

老板和员工的关系，也是人与人之间关系的一种。人与人之间的关系，必然会有彼此之间功能性的东西——工具性的东西。比如，我到餐馆去吃饭，这顿饭，是店里的人做好，送到餐桌上的。那么，我与服务人员的关系，是我用钱买了他的劳动、他的服务。他成了我的工具，送饭送菜的工具。但是，实际上我也是他的工具，我要付钱，我就成了他增加收入的工具。彼此都为对方所需要，彼此都是对方的工具，都有功能性的价值。这种价值的实现，就必须建立在互相尊重、互相有情有义的基础上，只有这种人与人之间的尊重、信誉、情义，才能实现彼此之间的目的。所以，这里绝不仅仅是一种工具性的关系，这里的本质，是达成自己的目的。而上述仅仅把人看作是一种工具的观念，已经过时了，或者说，是片面的，是一种认知的误区。这里彼此的关系，在本质上是一种尊重的关系（用中国传统文化的观念讲，是敬重，是相互的敬重）。不仅老板和员工之间是这样，父子之间是这样，夫妻之间也是这样；不仅朋友之间是这样，企业家和客户、竞争对手之间也是这样。你要达成你的目的，你就必须尊重他；他要达成他的目的，他也必须尊重你。这个尊重——尊敬，就来自人的尊严，既包括他的尊严，也包括了你的自尊。因此，这个尊严，既是尊重别人，归根结底，也是尊重自己。懂得这个尊严，懂得尊重别人，也正是尊重自己，所以，这才是一个有道德自主性、有人格的人。失去了这个“人的尊严”，他的道德自主性也就失去了。或者说，他就是一个没有人格的人——至少是一个人格不健全、或丧失了人格的人。其实，只有在人与人的关系之中，人才有了尊严，人才有了人格，人才能获得自由。

佛教强调众生平等，就是指人性的平等、人格的平等、生命力的平等。这个理念是释迦牟尼在 2600 年前发现的（这不是佛教的创造，真理是无法创造的，真理是本来如是，法尔如是，只是释迦牟尼发现了它，证明了它）。每个人都有自己的尊严，因而每个人也都是自己的权威。大家平等，彼此平等，人人平等。自己决定自己，别人决定不了你。这就是你的尊严，你的自尊。你能尊重自己，也能尊重别人，这就是人格，就是一个人的道德自主性。

还应该指出：尊严，自己给自己自由，这是一种责任，一种人格状态。我在讲课时，一再提到《致加西亚的信》一书中的故事：美西战争期间，美国必须立即跟西班牙的反抗首领加西亚将军取得联系。而加西亚正在古巴丛林的山里，没有人知道他的地址，既无法写信，也无法打电话给他。美国总统又必须尽快取得和他的合作。这时，有个叫罗文的人挺身而出，他说他能找到加西亚。罗文接过美国总统交给他的信，没有问："他在什么地方？怎么去找？我怎么把信交给他？"但他经过千辛万苦，在几个星期后，终于把信交给了加西亚。这个罗文凭他的责任心，立即采取行动，把信送到了。这叫自主、自立、自力，独自完成，这也叫责任感、使命感。

我们的市场，我们的客户，就是加西亚。不提任何问题，不谈任何条件，不顾一切地把服务送到客户手上，你能做到吗？你手下有罗文吗？这就是"一个人的道德自主性"的启示。不把责任推出去，而是把责任承担起来，尽心尽责。责任从哪里来？责任就从人与人之间的关系中来，就从人的尊严中来。

好，不管你是老板还是员工，都有自己的责任感、使命感，都有自己的人格状态，也都有自己的尊严。

本文开端提出的"两个想法不一样"，是不是同一个思维误区？

物有所值，“值”在哪里?

老板优先加薪的人，不是安分守己、只求做好分内之事的人，不是怨气冲天的麻烦制造者，更不是墨守成规、不与时俱进的“老资格”，而是凭借才华与创造力为公司、为自己增值的人。

老板想：做多少事，领多少钱。

员工想：领多少钱，做多少事。

我在前文曾指出，两个想法不一样，说明是两种不同的思维方式，形式上不同，其实都陷入了同一个误区。那是从人的尊严来立论的。如果以经济学的观点来看，物有所值，他们两人的思考，谁都没有错，他们的想法也都对。从老板来说，我付你钱（薪酬），是一种投资。既为投资，当然要讲投资回报率，你做了多少事，能为公司带来多少利益、多少回报，也就是能为公司赚来多少钱，省下多少成本，这才是我应该付给你的价格。老板的“做多少事，领多少钱”的思维是正常的。员工的想法也没有错。我领多少钱，就做多少事。“一分钱，一分货”嘛，天经地义。

现在我要提出的是：有没有不希望老板为自己加薪的员工?如果您

期待老板为您加薪，那么，这个“一分钱，一分货”的思维就已经落后了，不符合老板所中意的优先加薪的人才要求。

古人云：“一分耕耘，一分收获。”没有耕耘，哪有收获？你按时上班，从不缺勤，安分守己，做好分内事，这只是你尽了自己应尽的责任。这没有错，也已经不容易了，但这绝不是加薪的首要条件。人要有感恩心。感恩老板赐予我展现自己才华的平台。在这里，在这个平台上，是我为自己增值的好机会。我不是仅仅完成本职工作就算了。增值在哪里？在展现自己的才华、自己的创造力、自己的无私奉献。如果能升上一个增值、超值的水平，这才是多一分耕耘。前提是不谋个人私利，目的在于为公司创造品牌、创造荣誉，为整体、为客户、为服务对象谋取共同利益。公司的人会看到，客户也会看到，会证明您的人品道德。换言之，您为公司增加了信誉、美誉，为公司创造了实际利益，或者以您的无私奉献降低了公司的成本，这样的优异人才，当然是老板加薪的首选了。这是“一分钱，一分货”的思维所可比拟的吗？

员工中还有第二种人，他抱着“没有功劳也有苦劳”的心态，整天怨气冲天，委屈不已，给人留下的总是负面印象，这就坏了。这种人是自找麻烦、自添烦恼，既不懂得自我管理，又不值得托付重任，一天到晚就在原地打转，甚至还会引发一群人的同情，成了公司的麻烦制造者。您想加薪，可能吗？这是在老板加薪的视线之外的。

怎么办？一个人对工作的积极态度，是不计劳苦，不计报酬，而能磨练自己，把工作看作是进步的阶梯。所有艰难的付出，都是自己成长过程中的必然，不但愉快，而且有更远大的目标，那就是一切为公司、为整体、为我们，当然也是为他人多打拼，尽力、尽心。这绝不是表面功夫所能做到的，而是真心实意、真才实绩，整个精神状态与大众的亲和力，任劳任怨，亲切而坦诚，表里如一，言行一致，充分证明自己是有能力、值得托付重任的人，这样优秀的人，老板还不考虑为他加薪吗?

员工中的第三种人，是懒于学习，不能与时俱进，墨守成规，只凭自己的年资、经验和老资格吃饭，这显然已跟不上时代了，也不可能赢得公司的青睐。

既有经验、成熟度，又能接受新知识，勤于学习新技术、新技能，成为公司在发展进程中不可或缺的急需人才，不但能将新科技、新观念、新方法运用于自己的专业，而且能带动组织效率与提升公司的绩效，这就成了他人无可取代的具有个人独特专长的人才了。这样的人才，老板不知道他的价值吗？自然是考虑加薪的必要人选了。

从以上三类对比可以看出，老板和员工都应该从开头所说的两种思维方式中跳脱出来了。佛教的智慧就是“还至本处，莫向外求”，物有所值的“值”到底在哪里？还在自己啊。

利不在我，利在全局

作为企业领导，张元济考虑的不是父子之情、个人利害得失，而是公司的全局，是公司的公信力和认受度。什么叫软实力？心中无私，一心为公，就是软实力。

我们已经把文化名人张元济先生忘记了。

被称为“商务之魂”的张元济先生（1867—1959），字筱斋，号菊生，是近代著名的出版家。光绪二十七年（1901 年），他参与投资创立上海商务印书馆，并设立编译所，聘蔡元培为所长，延请夏曾佑编写《最新中学中国历史教科书》。这部书成为中国有史以来第一部章节体通史。辛亥革命以前，商务印书馆共出版各类课本 375 种，张元济对近代中国教育的发展，可谓功不可没。在长达半个多世纪里，张元济不但为中国的新式出版业奠定了基础，而且通过他的出版业绩，在中国思想、文化领域，尤其是教材出版与古籍整理、中华文化的珍品极品保存方面，做出了无与伦比的巨大奉献，这是历史早有定评的，他是中国近代出版界的骄傲和一座丰碑。

1932 年，张元济的儿子张树年从美国留学回来。他打算通过父亲的关系到商务印书馆工作，但张元济一口拒绝了。

在别人看来，他是当时商务印书馆的老板，安排儿子的工作，有何不可？可是，他对儿子说："你进商务印书馆有三不利：一、对你不利。你是老板的儿子，你进来了，必然有人会吹捧你，你就会飘飘然，失去了刻苦锻炼的机会，浮在上面，领取高薪，这岂不毁了你的一生？二、对我不利。父子同在一个公司工作，我就会受到牵制，尤其是人事安排，很难主持公道，导致讲话无力；三、对公司不利。你进公司，将形成恶劣的风气，必然有人要来求援，人人都有儿子，大家都把儿子塞进来，这成了一个什么样的企业？"

最终，父亲的这番话感动了儿子。张树年没有进入商务印书馆，而是走向了自己的创业之路。

这个故事很感人。作为一个企业领导，张元济考虑的不是父子之情，不是个人的利害得失，他考虑的是公司的全局，是公司的公信力和认受度。什么叫软实力？心中无私，一心为公，就是软实力。张元济先生的大局观，对我们今天的官二代、富二代，是不是有所启发呢？

利不在我，利在全局，利在天下。

于细微处见大局

一个人的能力不为一般大众服务，只为自己使用，只为自己而生存，这种行为是违背社会道义的行为。只为利己主义而狂奔，只能使社会变得闭塞，文明衰退。

我们常讲大局观。做一个领导人，当然要讲大局观。

西方人打桥牌，是互相配合、与对方合作的游戏。中国人搓麻将，防上家、压下家，是孤军奋战，一人与三人为敌的游戏。日本人下围棋，讲全局，是思考全局的游戏。这个“全局”，就是大局观。

春秋时期，鲁国有一条法律规定，如果某一个鲁国人流落在异国他乡，为生活所迫，做了奴婢、臣仆，失身无助，若有人解囊相助，帮他（她）赎身回国，那么，这位帮助者，可以到国库中取回他为救赎这个鲁国人所花费的全部资财。

从这条法律规定，我们可以看到五点：

一、鲁国的当政者、法律制定者，懂得关怀鲁国的臣民百姓，尤其还关怀那些流落在外国的弱势、贫穷的子民。不愿他们在外受苦、受屈辱，希望救助他们回国。

二、这条法律是鼓励人们去救助自己的同胞，你救了同胞，不会有经济损失，可以得到国家的补偿。

三、国家既关怀受难者，也关怀救助他人的救助者。

四、你大胆地去帮助人、救助人吧，救助了一次，还可以两次、三次、多次去救助，因为有国家的支持和保障，可以免除后顾之忧。（有的人，救了一次，下次再不想救了。）

五、这条法律，有助于形成一种社会风尚，即互相关怀，你关怀他人，他人也关怀你。

我总结的上面这五条，我想正可以看出这是一种大局观。

请让我说一个故事：《孔子的大局观》

孔子有个学生，复姓端木，名赐，也叫“子贡”，他恐怕是那个时代最早的企业家和经商者了。他到国外去，果然把一个鲁国人赎了回来，但可能是出于“做好事不留名”，或“施恩不图报”的道德观念，他花了钱，却放弃了当时法律赋予的权利——从国库中取回自己所耗资财。他的老师孔子知道了这件事，却不以为然，而且公然批评了他的好学生子贡。孔子说：“子贡在这件事上，做得不好啊。圣贤之人所做的事，应该是推动社会良好风尚的建立，应该是对普通老百姓起到言传身教的示范作用，而不仅仅是成就个人的美德。现在鲁国人，富有的人少，贫困的人多（有能力像子贡那样去救助别人的人，不会很多），如果子贡出钱出力赎回了自己的同胞以后，再去国库取回自己所花费的钱，这对他本人的道德，并没有什么损害；而他不去取回相应的赎金，那么，以后就再不会有人去赎回自己的同胞了。这条法律，岂不失去了它的意义了？”

同理，有一次，孔子的另一位学生子路，在途中救了一个落水者。

被救的人上岸后，送给他一头牛，报答他的救命之恩。子路接受了对方的这份礼物。孔子高兴地说："子路做得对，以后，鲁国搭救落水者的人，就会更多了。"

这两则故事，记于《吕氏春秋·先识览·察微》，其文不长，录之于下：

鲁国之法，鲁人为人臣妾于诸侯，有能赎之者，取其金于府。子贡赎鲁人于诸侯，来而让，不取其金。孔子曰："赐失之矣。自今以往，鲁人不赎人矣。取其金，则无损于行；不取其金，则不复赎人矣。"子路拯溺者，其人拜之以牛，子路受之。孔子曰："鲁人必拯溺者矣。"孔子见之以细，观化远也。

从这两则故事我们可以看到，孔子真有一种大局观。他不是着眼于个人的道德完成，而是着力于整个社会良好风气的培育与提倡。对个别人而言，钱是小事，不为钱、不为图报而做好事，这是一种高尚情操，一种道德风范；但是对广大的普通人而言，他的资源不多、老本不厚，做好事必然要付出代价，要花成本，他能有多少余力去做好事呢？如果享受法律的保障，做好事，得补偿，那么做好事的人就会多起来，就会成为一种社会行为，一种社会风尚。养成了大家都做好事的社会公德，比一个人做好事，哪一个效益更大呢？孔子批评"赐失之矣"，失在何处？孔子所说的"自今以往，鲁人不赎人矣"，其意何在？并不好懂。不过从孔子的大局观，我想到了我的恩师茗公上人的大局观。

有一年，我随恩师到深圳、珠海讲经。许多闻讯而来的居士，纷纷拜见茗公上人。我侍立于侧。居士们排队给茗公上人奉上供养（香港俗称“利是”），当然，居士们走过我身边，也会给我一份。可是，送到我面前时，被我挡回去了。我说：“不必了，免了。”当时，我的想法是：供养老法师是对的，我作为侍者就不要了，不能增添人家的负担吧。拒绝了人家的供养，我还以为我做得很对。

事后，师父把我叫到跟前，和蔼地批评我说：“你为什么要拒绝人家的供养呢？这是人家给的，不是你去要的。你去要，不可以；人家给，你不收，也不可以。一来，你是福田僧，要给人家种福田，让人家来种福田嘛。二来，他不是给你，他是供养三宝、恭敬三宝。你不收，挡了人家的缘。不是挡了你的缘，而是挡了所有出家人的缘。下次，他再不供养了。你不是挡了其他出家人的缘了吗？”师父看得多么深、多么细、多么远啊！师父是从无我、慈悲、广种福田、恭敬三宝的大局来看的，与“孔子见之以细，观化远也”不是同理、同源吗？

有一次，师父送我一串檀香挂珠。我没有挂在胸前，只是围在手腕上，或者拿在手中。师父问我：“你为什么不挂在项下？”我反问：“我能挂吗？”师父笑了：“你是讲经法师，我带你出来，就是因为我老了，讲不动了，人家请我讲，我就请你代讲。你挂上了这串挂珠，是一种礼仪，是僧相庄严，是面对接待你、听你讲经的大众的尊重，是你礼佛、礼谢大众的一颗恭敬心。你为什么不能挂呢？”师父一番话，又让我看到了另一番境界。

这不是茗公上人“见之以细，观化远也”的生动见证吗？这正是恩师茗公上人的大局观啊。

以茗公上人对我开示的这两则小故事作为脚注，那么，孔子所讲的那番话，我们就会理解得更清楚了。

于佑任曾有一句话“计利当计天下利”。我们讲利、讲功利、讲效益最大化确实没有错，但个人之利、小群体之利、一部分人之利与“天下之利”，究竟哪个是“大局观”呢？法律的规范、道德的维护、伦理的彰显是全社会的大事，是天下之利也。子贡“来而让，不取其金”，是个人的道德思考。而孔子作出批评，正是出于对全社会的思考，正是计天下之利。所以孔子对子贡的“做好事，不图报”表示了不以为然。我想，孔子的胸襟多么宽广阔大啊！孔子的这种大局观，能不能给我们以借鉴呢？

在结束本文的时候，我忽然想起，日本池田大作先生在回忆汤因比博士时，说了这么一段话：

汤因比博士在研究埃及、罗马还有中国等世界各种文明后，得出的结论是：一个人的能力不为一般大众服务，只为自己使用，只为自己而生存，这种行为是违背社会道义的行为。只为利己主义而狂奔，只能使社会变得闭塞，文明衰退。

汤因比所言，也是一种全社会的大局观。有为者，亦若是。对不？

淡定从容，活在当下

不管时代怎么变，生活环境怎么变，社会风尚怎么变，做人都必须守规矩、讲诚信，这个人品、人格不能变。

先从富人的四个标准说起。

香港人最讲“有型”，上海人也讲“台型”。这个“有型”“台型”，仅仅是外在的东西吗？不是。

现在，世界公认的富人标准是：

一、有一亿元资金；

二、参加专业研讨会，能发言，不说外行话；

三、能欣赏古典音乐、流行音乐；

四、家中有可观的艺术收藏品。

第一个标准不难；后面三个，就是文化素养，就是学问的生命了。没有这后面三个条件，他在什么层次上？他能进入上流社会吗？他能成为真正意义上的富人吗？

一个学者型的企业家有四个方面要学习。

企业家是一个企业、一个团体的心灵引路人，没有学问不行。一个学者型的企业家，必须进行四个方面的学习。

一、学会发展（Learning to Be）

只有发展，才能生存。发展是生存的智慧。不发展，就不能生存。

真正的事业，在视野、在发展。

有视野、有发展的人，才有未来。

二、学会做事（Learning to Do）

把一件事做好，并不容易。会不会做事，能不能把事做好，正是聪明与愚蠢的区别。学会发展靠知识，学会做事靠能力。我们的城市中，拥有文凭的人很多，但成功的人很少，就因为不会做事。一做事就着急，就感到有压力，这能叫会做事吗？

三、学会与人相处（Learning to Live Together）

这是一门大学问。很多有学问、有能力的人，不一定会同人相处。

人，首先是作为个体而存在的，这是人的个体性。但人又不能离开人类群体而独存，这是人的社会性。人的个体的存在和发展，又是以社会的存在和发展为前提的。所以，人的单个存在，实际是离不开复杂的社会网络这一背景的。没有了社会关系、人与人的关系，人的位置是不存在的。只有人的位置是有序的，社会关系、人与人的关系才有可能是有序的。

前工业社会的本质是靠天吃饭，工业社会的本质是掌握资源，后工业社会的本质是服务。服务的本质就是人与人之间的关系。市场关系，实际上是方方面面的人与人之间的关系。

中国人讲面子，西方人讲尊重。尊重就是力量，面子就是信誉。销售的是商品，而卖点却是尊重的力量，也就是你必须学会与人相处。

乒乓球选手邓亚萍在一次冠军赛中有一个细节：她处于不利形势时，对方打了一个擦边球，裁判没有发觉，判她得分。这对她固然很重要，但她举手，说是应该判给对方。看到这个细节，对方也很感动。我们古人就叫“攻城为下，攻心为上”。邓亚萍最终赢了，不在赢得球技，而是赢得了对方的心。

所以说，学会发展靠知识，学会做事靠能力，学会与人相处靠素质。

四、学会认知（Learning to Know）

在四个学习中，最根本、最核心、最宝贵的学习，就是学会认知。

没有外视野、内视野的认知，你怎么学会发展？

没有方法的认知，你怎么学会做事？

没有做人的认知，你怎么学会与人相处？

有句话叫作“同想成爱，异见成憎”。两个人，想到一块儿去了，叫两意相投，两情相悦，这就产生了爱（这是从“想”来的）。见解相左，看法迥异，叫意见分歧，这就产生了恨（这是从“见”来的）。一个“想”，一个“见”，就成了人生的分岔点。你看，可怕不可怕？所以我常说，破戒不可怕，破“见”才可怕。“想”错了，“见”错了，一切都错了。这个“想”是什么？这个“见”是什么？就是认知。

认知对了，就不会“想”错了，也不会“见”错了。

中国还有一个著名成语，叫“英雄所见略同”，也说明这个“见”，成了英雄的一个共通点。你看这个“见”重要不重要？这个“见”，不就是认知吗。

什么是认知？先说两个故事。

一个是发生在美国的。一台发动机坏了，请了人来修，就是修不好。

最后，把这台发动机生产厂家的工程师请来了。他这里敲敲打打，那里观察一番，提起粉笔画了一个圆圈，说："这里坏了。"在他画了圆圈的地方拆开，果然问题就在这里，马上修好了。工程师说，要付一万美元。对方说："画了一个圆圈，就要一万美元吗？"工程师说："画一个圆圈，只要一美元，而我知道画在什么地方，要9999美元。"

一个是发生在中国的，曹操与杨修"黄绢幼妇，外孙齑臼"的故事。曹操有一次在行军的途中，走到一个地方，看到一座石碑，碑的正面刻了八个大字：黄绢幼妇，外孙齑臼。曹操看了半天，不知这是何意，就把杨修叫过来问他。杨修是才子，颖悟过人，一看明白了。曹操想，你能明白，我也一定能明白。他不让杨修说出来，边走边想，走了三十里路，终于想出来了。黄绢，是有颜色的丝——绝；幼妇，是少女——妙；外孙，是女儿的儿子——好；齑臼，是石臼中舂（chōng）米谷，受辛也——辞（辤）。曹操喊杨修过来，两人都写在手掌心，摊开一看，两人都写的是"绝妙好辞"。两人哈哈大笑。曹操派人再去查看，那石碑的背后，果然是一篇好文章。曹操与杨修这个故事在历史上很有名。宋代诗人黄庭坚留下一句诗：智愚相悬三十里。杨修的聪明和曹操的迟钝，相差了三十里路。

工程师没有拆开机器，只凭他的体验、体悟，找到了毛病所在。杨修不假思索，脱口说："我明白了。"这顿时的明白，就是他的顿悟，就是他的体验。

为什么需要体验？因为只有靠体验才能得到认知。

认知，在于体验。

有体验，才是真正的认知。

体验，是高水平的思维。体验，就是悟性。

学会认知靠悟性，人最宝贵的素质是悟性。

1. 认知无常

我以欧盟为例。

欧盟在世界经济体系中，是很有分量的，要关注世界，不能撇开欧盟。这两年，欧盟却出现了前所未有的麻烦。希腊是怎么混进欧盟的？是做了手脚进来的。它把自己的财政负债隐瞒了，有如一家没有资格上市的公司，靠了包装和扮靓，硬是混进来，上了市。股市可以停牌，但欧盟没有法例可以驱逐一个根本就不想退出的国家。这下就坏了，因为它引发的债务危机像癌细胞一样，扩散了，弄得整个欧盟全都被感染了。

接着，英国看到这只大船在下沉，它想弃船，因此提出全民公决，它要拒绝欧盟，抛开欧盟。这不是做给别人看的，是真的想自谋出路了。

东边还有个土耳其，这是个很特殊的国家，既离不开伊斯兰，又有东正教的影响，它也曾拼命想挤进欧盟来，结果当然进不来。这回呢，它可幸灾乐祸了。

对投资者而言，欧洲国债问题非常复杂，剧情曲折，扣人心弦。我举欧盟这个现实的例子，就是说明“无常”。佛教所说的“无常”，才是正常。一切都是无常的，一切拥有都不是理所当然，也不是永恒不变的。不同的时期，不同的因，会有不同的经济事件和经济环境，可变、多变，就是无常。

认知无常，视无常为正常，这就是一种智慧。你懂得体悟，能够体悟，并且深具信心，自由地在不同经济环境、不同经济景气运行阶段，看破股市荣枯的迷藏，做出对提高投资报酬相对有利的决策、应对，这不是靠别人，不是靠这个“招”，那个“术”，而是靠自己的认知，靠自己的“心”。心的学问，正是佛教的全部学问啊。如果把心的学问用到投资上来，那就叫投资哲学、投资理念、投资观念、投资的思考逻辑。这些都是名相，名相不重要，重要的还是在人的心。市场胜负的决胜点，不在别的地方，永远在人的本性，在人的心。

请看看，现在投资者的心结，大概有三个：

一是判断：怎么判断市场情势，怎么判断经济景气变化？这种判断，主要是指经济走势。走势有三个元素：方向、幅度、时间。方向比较容易知道，幅度与时间，实际上很难预知、很难把握。

二是心有三怕：怕投资失误，收不回来；怕项目平庸，挣钱不多；怕对方不讲诚信，摸不着真实情况。

三是从外部压力到内心压力，怎么才能抵御投资失利的心魔？为什么大部分散户投资者会沦为投资市场的长期输家，难以从经济景气循环的旋涡中挣脱出来？你努力了、用功了、付出了，为什么还是无法赚到钱？甚至还赔掉了许多钱？

这三个心结，要找一找原因，原因不在别人那里，还在自心。

投资市场不可能不受总体经济的影响。总体经济的景气循环，有四个阶段，即复苏期、加速成长期、趋缓期、衰退期。按常规，买股票的最好时间点，是在经济景气衰退的末期。这个时间段，市场最悲观，股价通常在最低点，容易成交。但到了复苏期，有些股票（如原材料股）就会大涨，到了加速成长期，涨幅更大，只有在这时候，才成就了一些股王、股后。

股票投资最差的时间点，是在经济景气趋缓期。所以真正卖股票的最后时间点，是在加速成长期的末期，在趋缓期来临的一刻，卖完股票就改买债券，然后一直持有债券到衰退期，而后再慢慢卖出。一般来说，常规是：投资人是在经济景气衰退的末期，增加股票部分，在经济景气复苏期，长年期债券部分则降至零。当然，买进与卖出，都要学会等待。在最难耐的情势下，心存希望，并且善于耐心等待，不急躁，不妄动，这才是长线赢家的生存法则。

这个心存希望，这个淡定从容，这个不心浮气躁，还不是心的学问吗？

一般来说，投资人要懂得谨守“三不”政策：一是看不懂行情不进场；二是配合营运数字，不够便宜不买；三是不确定景气反转或二次衰退前，不随便放空。这个“三不”，就是一种“以静制动”的修养。静，是前提，是心理素质，当然耐心更是心灵的素质了，表现出来就是你的心态。心态最重要，我们不需要大赚，但需要稳稳地赚，这个投资理念、投资哲学，是建立在投资智慧与投资自觉的基础之上的。所以，耐心就是心的学问，投资智慧也是心的学问。

2. 认知财富

什么叫财富？真正的财富是什么？你以为你手里的债券、股票，那叫财富吗？才不是。那是操控在人家手里的东西，你手里拿的是一张印刷品。兑现的时候，是价值；不兑现的时候，是印刷品。你手里的钞票，是财富吗？我觉得很难说。你的现钞，是流通的东西，是流来流去的。流出去了，就是别人的。如果是银行存款，一本存折，那根本不是什么财富，只是一个信任，一个凭证。银行倒闭了，你的存折就化为“乌有”

了。拿了一个印刷品在手里就叫财富吗？真正的财富是你的健康，健康的头脑、健康的智慧、健康的思考、健康的行为、健康的生命力，这才是人真正的财富。

我们只有对财富的渴求、向往，却没有对财富的认知。

香港《南华早报》发了一篇关于内地的报道：找老公要看物质。

现在年轻女性的压力，就是找老公，找一个有钱老公的压力。我们看一下这个压力的实质是什么。

江苏卫视最受欢迎的节目，就是《非诚勿扰》。那些赤裸裸的语言，也展现了他们赤裸裸的内心世界。女嘉宾从不掩饰自己对金钱、对财富的崇拜和追求，男嘉宾则不懂得什么叫含蓄，只以炫耀自己的银行存款和房产、豪车为荣。这是一种什么价值观、什么爱情观？大家一听便知。

内地有一个传统，男方迎娶女方进门，必须准备一些家庭必需品。20 世纪 70 年代是自行车、手表、缝纫机；80 年代是彩电、冰箱、洗衣机；现在，一是房子，二是汽车，三是电子设备。中国房地产及住宅研究会副会长顾云昌说，未来的丈母娘对房价上涨将起到重要作用。在《非诚勿扰》那个节目里，没有财富却有一腔真诚的男嘉宾，只能失败离场。有一个女嘉宾十分坦率地说："我很真实，我相信自己能嫁一个富人。"嫁一个富人，这就是她的价值观，这就是她的人生目标，这就是她的所谓真实。

这是什么真实？是"人已被物化了的真实"，是她的神经系统已全部被财富、被金钱所迷住了的真实。她活着，就是为了有钱、有财富。而获得钱的手段，就是嫁一个富人。有了富人为她供应一切，她就得救了。因此，她本身也成了一种"产品"，一种可以变为"钱"的产品。这么说来，她也成了一件“消费品”，可以被富人消费的一件物品。这是一种生活市场化、人格市场化、生命市场化的结果。

以嫁一个富人为目标的女性，是这个时代的特征和代表吗？这不是一道简单的选择题。这里包括了一个人的人生观、人生态度、生命状态，也涵括了人们对爱情、亲情、友情、家庭、社会、人性、人的本质、人与人之间的相待相处之道、事业与婚姻、婚姻与道德、如何对待贫富、如何对待农村与农民以及中西文化差异等的认知与判断，这就不是一个简单的问题了。

从这里，我们可以看到，一个人钱再多，财富再多，精神境界不高，人格低下，物质的富有只会使他变为精神的贫困儿。那时，他会面对许多精神危机，他会从他虚假的泡沫中跌落下去的。今天的许多信任危机、道德危机、心理危机、家庭危机，一切社会危机，就是这么来的。

财富是人的需要，但它并不是人的唯一需要，更不等于一个人的全部价值。人，还有比财富更重要、更宝贵的精神质量在。不能因为追求财富，着意于财富，只看到财富，而忘记了更重要、更宝贵的精神质量——亦即自己的心灵。放弃了人之所以为人的精神质量，视财富为主人，那么，他不是财富的奴隶是什么呢？

3. 认知理财

太容易得到的财富，并不可靠。而艰难辛苦得来的财富，也不容易失去。百万、千万、上亿的财富，一夜蒸发，为什么那么容易就失去了？这是很诡异的。其实不难理解，来得太容易。你在不知不觉中得到的，也竟然在不知不觉中失去了。有挣钱的学问，有花钱的学问，但是，还有一个把钱留住的学问。有人说，挣钱是本事，花钱也是本事。我说，把钱留住才是真本事。有人有钱，却留不住钱。有人留住了钱，那钱却不是他的——最后都是属于别人的。问题在哪里呢？

据说徽商有句名言：“财自道生，利缘福取。”生财有道，理财也是道。你不理财，财就不理你。由道而生的财，是真财、正财。精明理财，才能保财，保财就是福。有福能存，能储，能聚，能养。所以养财是福，存财是福，保财是福。福就是从艰难辛苦中聚积而来的。所以懂得积累，懂得惜福，这才是理财、保财的根本之道。

这里，有一个重要的认知，即你的钱是怎么来的？等到有一天，我们的企业家、大老板，终于有了两个发自内心的体悟：第一，金钱不是赚来的，不是挣来的，而是因缘所赐，是拜众缘和合之赐，我才能赚到钱，挣到钱；第二，财富虽多，那只是暂时保管。有了这两个体悟，你就不得了了，你就不是凡人，不是常人，不是俗人了，用我们佛家的语言，你就是佛菩萨了。到了这个时候，你的心灵素质就完全不同了，你就要受人人恭敬了。我曾经读到一篇文章，是北京科技大学经济学教授赵晓先生写的，他说：“中国的财富榜被称为‘杀猪榜’，一些富豪被捕，还有一些甚至受到非法伤害。有人戏称企业家是‘两院院士’，要不在法院，要不在医院。还有人说，企业家几乎成了高危职业。”这段话可谓触目惊心，如果我们有了上面的认知，这样的情况恐怕就完全改观了。

4. 认知什么是“软实力”

什么叫“软实力”？软实力到底指什么？

软实力（Soft Power）一词，是由美国哈佛大学肯尼迪政治学院院长约瑟夫·奈教授于20世纪90年代初提出来的，意指“一国通过吸引和说服别国服从你的目标，从而使你得到自己想要的东西的能力”。在这个简单的定义中，我们可以看到，要让别人听从你、接受你，并且符合你的要求与期望，最终服从你，使你得到你所想得到的东西，这是什么样的能力呢？一个叫“吸引力”，一个叫“说服力”。

这两个力，可不简单。中国传统的说法，叫“动之以情”“说之以理”（说，音 shuì），这个“情”，就是吸引力；这个“理”就是说服力。一个“情”，一个“理”，都是无形的力量，换言之，就是精神的力量，就是心灵的力量，就是美的力量、道德的力量。

可见，这个“软实力”，作为综合国力中无形的力量，是有别于综合国力中的“硬实力”（Hard Power）的。硬实力，是有形的力量，比如国家的基本资源（国土面积、人口数量、自然资源）、军事实力、经济实力、科技实力，等等。这些都是有形的，可以量化的，也是综合国力中不可或缺的，但是，它的作用是一种震慑力或叫威慑力（也是一种阻吓力），它远远比不上化敌对、化矛盾与冲突于无形的亲和力、感染力、说服力和凝聚力。

中国有一位现职将军刘亚洲，他曾经撰文说：“迷信金钱力量的民族是落后和愚昧的民族。”并且发出一声惊天地、泣鬼神的“天问”：“除了金钱的力量，我们还有什么力量？”这不正是对软实力的大声疾呼吗？

今天，软实力不但成了真正衡量一个国家综合国力的标准，而且已延伸到一个地区、一个团体、一个企业、一个品牌的层面上来了。深圳的富士康，谈硬实力，有多少人能与它相比呢？谈软实力，恐怕就不敢恭维了。软实力归根结底是文化力，是道德伦理的正义力。对一个企业而言，既是这个企业内部的亲和力、凝聚力，也是这个企业外部的形象力和市场认受度或美誉度的影响力，这不正是一个企业的生命力吗？

一个没有诚信，对社会、对客户、对员工都不负责任的企业，还能谈什么文化力，谈什么软实力呢？这恐怕正是赵晓教授写那篇文章，呼吁中国企业要实现从优秀到卓越、从受人重视到受人尊敬转换的真正命意所在了。

最近，我读到中国光大集团董事长唐双宁先生在香港《明报月刊》上写的一段人生小语，他说：

文化，是人类在社会历史发展过程中，在创造物质财富的同时创造的精神财富。

GDP（国内生产总值）是一个国家、一个民族的血肉；文化是一个国家、一个民族的灵魂。人不能没有血肉，不能“魂不附体”，人也不能没有灵魂，不能成为植物人。

经济的力量，军事的力量，可以占领一个国家的市场，占领一个国家的领土，但不能占领人心，先进文化可以占领人心。

政治是暂时的，经济是长远的，文化是永远的。

唐双宁先生作为一位企业家，一位管理团队的领军人物，他的这一席话，可以说把软实力也说得很清楚了。没有这样的认知，不能成为一个有远见的、有真知灼见的企业家。

要把中国从“中国制造”的形象，改变为“中国创造”的形象，关键点就在以文化力为核心的足以跻身现代化文明的软实力了。

5. 让我们学会算账

香港调查机构指出，这次金融危机中富人身家缩水，主因是股票、基金、外汇投资缩水，香港百万以上富翁，平均每人损失66万元。什么是身家缩水？这是一个很有趣的问题。人要会算账，首先要学会账怎么算？

身家，有两个含义：一是实际的；一是账面上的。

我们通常所说的身家，大都指账面上的。身家缩水，是账面上的身家缩水了。

所谓账面上的身家，指的是楼价、股价。你买的楼、住的楼，价钱跌了，买的股票，价钱跌了，算一算，果然缩水了，很心痛。但那不是现金，不是手中拿着的，是闲钱，一不等着用，二不是绝对的。因为希望还在，你放着，不知哪一天它又回升了，还会回来，还有回升的希望，所以，这很难算是实际的损失。假如有一天，楼价、股价又真的升回去了，你是不是像今天这样的思维，赶紧全部套现，会不会呢？我看，真到了那一天，可能有许多人又不这么做了。这就证明了，这不是实际上的钱，这是期待中的钱。

所以，“身家”，只是一个“身家”，它不是实际的钱，不是随时动用来买东西的钱财，它是令人心神不安、心潮随时起落的一堆数字。

我想说的是，还有另一种算账——成功不等于只有金钱的回报。如果提高产品知名度，建立良好的企业形象，有好的商誉，有客户的信任度，这就是成功。有了这个基础，将来就必然财源滚滚。能打好这个基础，就是成功。这个成功，才是真正的会算账。

6. 认知人生最宝贵的是什么

人最可怕的不是挫折，不是失败，不是丧尽颜面。人最可怕的是两个词：一叫贪婪，一叫恐惧。贪婪，会让人失去理性，失去冷静与判断。恐惧，会让人失去信心，失去勇气，失去希望；同样，也会让人失去冷静与判断。贪婪与恐惧往往是相连、共生的。越贪婪的人，就越恐惧，时时贪图得到，时时又恐惧失去。所以，对我们的内心而言，杀手不是挫折和失败，而是贪婪和恐惧。正因为贪婪和恐惧，又让我们忽视或者无视我们最宝贵的是什么。

最宝贵的是什么？是得不到的，还是已经失去的？佛教中有一则有名的寓言故事，这里就略去不讲了。

我们很多人，不知道珍惜当下，不知道珍惜眼前，总是把眼前已有的幸福放下，去追求根本得不到的东西。也有人认为失去了的才珍贵，不知道珍惜当下所拥有的，而是整天为失去的伤心痛苦，活在失去的阴影之中。

很遗憾，我们只习惯于得到，却从来没有习惯于失去。假如有人能把失去看得跟得到一样正常，那就真的心平气和了。

香港有一位作家说："一个没有做好失恋准备的人，其实，是没有资格拍拖的。"我想借过来说："一个没有做好输的准备的人，其实，是没有资格去投资、去赢的。"赢的魅力，就在于他考虑到了输，有输的心理准备。

失去没有什么可怕，这只是一种思维方式。把失去视为平常、视为不值一提的人，才是一个心灵健康的人。19 世纪英国诗人丁尼生（Alfred Tennyson）有一句名言："有的时候失去一些美丽的东西是好的。好过失去一些你从来没有得到过的。”这句话很妙，既然从来没有得到过，当然也就无所谓“失去”。可是请再想一想，从来没有得到过，当然又比不上你曾经得到过，曾经拥有过。好，你曾经得到过，曾经拥有过，这不是比从来没有得到过好吗？失去了，本来很正常，尽管失去了，总比从来没有得到过要好吧？这就是一种思维方式。把自己的思维方式修正过来，调整过来，你就生活得很精彩。丁尼生不愧为一位诗人，他那句话的精彩，正是他思维方式的精彩。所以在这里，我愿意和大家分享。

“求不得”苦，是人生八苦之一。既然得不到，又何必费尽心机、耗尽精力去谋求那得不到的东西呢？舍尽自己的现有，去追寻那个得不到，这不是一种虚妄吗？而那已经失去的，又何必苦苦思恋呢？任你百般后悔、千般焦虑，它也不会回来了。人，舍弃当下，不顾当下，偏要活在已经失去的忧悲苦恼之中，那不是一种迷误吗？

得不到的，本来就不属于你。失去了的，本来就该当失去。来有缘，去有因。人在经历了许多磨难、痛苦和烦恼以后，才终于明白，原来人最值得珍惜的就是当下，当下的才最宝贵。

活在当下，珍惜当下，就是智慧。

7. 认知什么是输，什么是赢

我这里所说的输赢，不是指麻将桌上，四个人最后点钞票，你输了，我赢了——不是指这个输赢，而是指我们的一种心态，一种经常在心里盘旋、放不下的那个输、那个赢的沉重负担。

在英国历史上，有一位英名永留的剑手，名叫欧玛尔。他有一个与他势均力敌的老对手，他们决斗了 30 年，还是不分胜负。在一次决斗中，对手从马上摔了下来。欧玛尔迅速持剑跳到他身上，一秒钟内就可以置其于死地。对手突然间向他脸上吐了一口唾沫。欧玛尔停下了手中的剑，对对手说："咱们明天再打吧！"

对手糊涂了。欧玛尔说："30年来，我一直在告诫自己，要求自己，让自己不带一点儿怒气作战。所以，我以一颗平常心面对你，才能保持不败。刚才你吐我一口唾沫，我陡然间怒气上冲，啊！不对，如果这时杀死你，我就再也找不到胜利的感觉了。所以，我收住了剑。咱们明天再重新开始。"

这场决战永远不可能开始了。因为这个对手从此投身他的门下，成了他的学生，为了也学会不带一点儿怒气作战。

欧玛尔，这个名字，永垂史册。

体育比赛中，冠军只有一个。获得冠军的，赢了。获得亚军、季军，甚至第四名、第五名，你能说他输掉了吗？名次不是输赢，只是成绩的记录。欧玛尔和他的对手，你能说谁输谁赢？欧玛尔的故事，让我们看到道德力量的珍贵。欧玛尔不是凭自己的"硬实力"去战胜对手，而是凭自己的"软实力"，最终让对手折服了。对手输了吗？没有。由于心服、敬服，对手也走向了善，走向了道，走向了超越。软实力是最宝贵的能力。

"我的财富，一夜之间蒸发了，还不是输了吗？"不对。我们要明白，我有时所拥有的，只是一个虚幻的数字。什么叫作泡沫？泡沫是怎么来的？当初，你的财富增长很快，又是怎么增长的？也许当时正逢其时，正巧投中了机，所以，你的概率比别人高，运气比别人好。但当环境逆转时，泡沫破灭了，你的损失也肯定会很大，但不要紧，只是回到原地罢了。所以我说，金融海啸无足惧，只是让我们回到实事求是。原来是进攻的，现在就转为防守吧。《过秦论》里说："攻守之势异也。"这就是"势"，该出手时就出手，不该出手时，就"闷声大发财"，不声不响，等着瞧，没有什么输，也没有什么赢。你有一个好心态，我祝你明天大发财。

8. 认知人能走出自己的局限性

由于人的认知总有局限，世界上任何事物都充满不可预测性，你要叫人当心，也只是一句空话。

我读到施永青先生介绍的这样一本书 *The Black Swan*（《黑天鹅》）（作者 Nassim Nicholas Taleb 纳西姆·尼古拉斯·塔勒布）中的"黑天鹅理论"，我就很佩服释迦牟尼的发现。这本书出版以来，人们都喜欢引用黑天鹅理论。在欧洲人的生活经验中，人们看到的天鹅总是白色的，所以，他们只知道凡天鹅都是白色的。后来，欧洲人到了南半球，才发现原来天鹅也有黑色的。因而，只要有一只黑天鹅，就可以推翻那千万只天鹅全是白色的定论了。英国哲学家卡尔·波普尔把这叫作"逻辑不对称原则"。

人类的大部分知识，都是从经验中得来的，见得多了，就以为这是真理，这是常理。其实，许多知识并不可靠。所以，卡尔·波普尔认为，我们从经验中归纳出来的知识，是无从被证实的，只能被证伪。比如，过去人们根据经验，总认为天圆地方，直到有人可以环绕地球一周，这才相信地球原来是圆的。过去，我们总认为，太阳每天清晨从东方升起，其实，非也，这是地球自西向东旋转的结果。生活中的例子太多了。奶精，有奶吗？鸡精，有鸡吗？你信以为真的知识和理论，很可能有一天被证明是不可靠的、是错的。我们没有方法去确指 ×× 是真的，我们只能确指 ×× 是假的。我们求知的过程，其实也是一个认识错误的过程，这正是卡尔·波普尔的“证伪主义”。

只有认识到了人的认知的局限性，认识到了知识和真理的相对性，人才能保持一种谦虚的精神，人才能懂得你所坚持的经验和知识，随时是可以被“证伪”的。这样人才不至于过度自信、狂妄，甚至任性、胡作非为。请记住，规划只是大致上的蓝图，不是不可变更的定律，你不知道哪一天会有“黑天鹅”出现。焦虑没有用，当心，也没有用。

尽管人总是生活在自己的局限性之中，但是，人能走出自己的局限。

先来看看生活。

生活是美好的，世界当然也很美好。但这美好，不能说生活中就没有陷阱了。陷阱与美好，并不矛盾。因为它都在你的一念之间。这生活的美好，世界的美好，是你认为它美好，感觉它美好，体会到它的美好。没有了这个“认知”，那美好在哪里？是谁在说它美好。而陷阱，在哪里？陷阱依然在你自身，在你自心。因为人有弱点，这个弱点被人看中了，被人利用了，你又恰恰逃不过这个弱点，这不是你自己误中陷阱吗？一念明，那是美好；一念误，那是陷阱。这不就在一念之间吗？这正是佛家常说的道理。

再来看看佛法的启示，禅的启示。

《碧岩录》里记载了这样一段故事：

玄沙和尚对众僧开示说：“每一位大师都要求我们去普度众生。如果你遇到下面这三种病残之人，你怎么去济度他们呢？失明的人、失聪的人，还有失声的人。要知道，你在瞎子面前举起禅杖、抖动拂子，他瞧不见；对于聋子，他根本听不到你讲经明理的法音；对于哑巴，你要他开口，更是万万不能。碰到这三类人，你说如何是好？不管他们，不能普度这些残疾之人，你还谈得上弘传佛法，谈得上佛法度生的妙用吗？”

听众中有一位僧人，听了这番话，便跑去问与玄沙同门的云门和尚。

云门和尚叫道：“速速作揖！”

僧人马上作揖而立。

云门手持禅杖走来，僧人往后退了半步。

云门说：“你不是瞎子嘛！”又唤道：“走近一点！”

僧人趋步向前。

云门说：“你没有耳聋嘛！”随后又问僧人：“你懂了吗？”

僧人回答：“不懂！”

云门说：“你也不是哑巴。”

僧人言下大悟。

云门是怎样点破僧人的迷惘，让他省悟的呢？很简单。

作揖，退立，近前，回话，这一连串动作，是怎么来的？是心的指使。眼可以盲，耳可以聋，口可以哑，但心头的一盏灯，则是明亮的。（一个盲人可以卖猪肉，一刀下来，斤两分毫不差，而且能算账，能记账，还能分辨人民币的真假。为什么？）

有了这盏明亮的心灯，聋、哑、盲，已不是什么不可逾越的鸿沟了。

对于聋人，聋，的确是他的局限。对哑巴，哑，的确是他的局限。对于盲人，盲，的确是他的局限。如果点亮心灯，豁然心明，智通慧达，局限何在？

“僧人言下大悟”的悟，悟在何处？悟在自心，悟在心的知见。

知见对了，具足佛的知见，人就走出自己的局限性了。

这不正是明心见性吗？

不管时代怎么变，生活环境怎么变，社会风尚怎么变，做人都必须守规矩、讲诚信，这个人品、人格，不能变。同样，健康的投资市场，也是取决于人品、人格的。市场的人格化，是社会的幸福。

讲到这里，我想到我有一位朋友萧水龙先生。他是深圳市一家投资有限公司的创始人，也是现任董事长。他的业绩，在同行中是很杰出的。他的投资理念，就是两个字：稳健。稳健是他全公司指导投资的灵魂。他的名言：不求大，求稳；不求名，求信。

更让我感动的是，他讲，投资就是投人，投的是人品、人心、人力。

讲人品、人格，当然是做人。所以他说，投资就是做人。

做人——就是助人；

助人——就是合作；

合作——就是责任；

责任——就是服务；

服务——就是快乐；

快乐——就是修行。

以上从做人到快乐的全过程，不正是修行的全过程吗？所以，他的投资过程，就是做人——快乐——修行的全过程。

角色就是责任，事业就是修行！

这就是企业的文化力。我为这种高水平的文化力喝彩、赞叹。

古时候，讲“滴水之恩，涌泉相报”，这是一种国士之志，也就是一种国士的人格风范。今天最能体现这种国士大度的，我想应该是企业家、投资家，这才是真正的“大款”了。

创立一个企业，成为一个成功的企业家，我想，不只是为了赚钱，也不能和谋财图利简单画上等号。企业的创立，是一个过程。“十年树木，百年树人”，这也是一个“树人”的过程。靠赌博心态是办不好企业的。企业的成熟，当然离不开企业家的成熟。成熟的标志，我想首先是人品、人格的成熟。

你没有人品、人格的成熟，就别想有企业文化的提炼与规范。

企业的凝聚力就是从这里来的。

香港蒙民伟先生的信兴集团，每人身上都有一片小小的提示卡：

信兴十原则——

礼貌多一点 微笑柔一点

做事勤一点 创意激一点

应变快一点 效率高一点

语气轻一点 器量大一点

借口少一点 嘴巴甜一点

为人师表与“学而优则仕”

为人师表者，应该好学、修德、谦虚，有教无类，因材施教，懂得弟子不必不如师，确立师道尊严。其实，不只做老师，做人、做官更应该做到这七条。

前不久，应邀去江苏省太仓市参加一次学术研讨会，在宾馆休息间，认识了一位正在读初中的小朋友，他才15岁，名叫张泽人。当时同他交谈不多，可回香港后，他却找到了我的电子邮箱，来了几封信，向我提了一些问题。比如：我可以来看望您吗？我可以称您为师父吗？上网、打游戏机有什么弊端和优点吗？尤其是问我一个十分有趣的问题：你认为老师应该是什么样子的？

当然，对小朋友、大朋友、老朋友、不认识的朋友，只要有信来，我都是有信必复的。张泽人小朋友的这个问题，真的让我惊奇了。真正的老师是什么样子的？这可不太好回答。不同的老师应该有不同的样子。

小朋友的真诚提问，不回答不行呀。我告诉他，就我的一孔之见，试着回答吧。一条条写下去，写了七条。

一、好学。老师是教书的，是教育学生的，他必须好学，要热爱学习、勤于学习、善于学习。“学而时习之”，重点在“时”。学与习，关键点都在时。不抓紧学，怎么趁时、因时、适时、知时呀。正因为好学，有知识的储备，有能力的积累，才能达到孔子所说的“学而不厌，诲人不倦”。

二、修德。这是做人的根本，也是一个老师的根本。上课、讲课，是言教，但我国传统文化中，强调“身教重于言教”。**言教，是口头上的教；身教，才是真正的教。**自己不修德，不讲德行，没有德行，怎么以身作则、以身示范，来完成身教呢？所以孔子沉痛地说：“德之不修，学之不讲，闻义不能徙，不善不能改，是吾忧也。”孔子的忧，是指立己立人，首先在立德。立德才能为人师表、教人化人，这才是一个教师的良心与责任。

三、谦虚。老师可能博学，但老师各有专业，比如数学老师、语文老师、历史老师、化学老师、音乐老师……即使在他的专业领域，也未必一定是通才、全才。对于新的课题、新的课程，他也是一个一边学一边教的人，所以，一定要谦虚。孔子说：“三人行，必有我师焉。择其善者而从之，其不善者而改之。”三，是众多的意思；行，是德行、道行。三人行，是在众多人的道行中，肯定有值得我学习的人，有我值得学习的地方。有其善，我就学其善、从其善；见其不善，我就改其不善、去其不善。这既是好学，更是一种谦虚。

四、有教无类。这是孔子确立的师文化的重要原则。施教不分对象，任何人都有受教育的权利。老师对学生一视同仁、平等待人、无分别心、己立立人、重在教化、春风化雨，尽教育者的责任。（我附带报告一件事：美国加州大学，把“有教无类”这一名言，刻石立碑于他们校园之中。译曰：Teaching knows no bounds.）

五、因材施教。学生各有个性、各有爱好、各有特点，要学会并且懂得对不同的学生采取不同的教育方式、不同的教学要求，或不同的施教方法。发扬学生的特点、特长，帮助每个学生根据自己的特点成长。

六、懂得弟子未必不如师。老师也能从学生那里得到许多启发。正如同演员和导演可以被他们的观众所引导、医生可以被他的病人所治疗一样，老师也可以被他的学生所教导。老师和学生在人格上是平等的，学生有优点、有特点、有领悟，老师有时候也应向学生学习。子曰："敏而好学，不耻下问，是以谓之文也。"不耻下问，正是敏而好学，这才是一个有文化素质的人。老师不也应该这样吗？

七、确立师道尊严。这个"尊严"是自尊，自己尊重自己，尤其不媚上、不媚俗，保持人格尊严，自觉维护师道尊严。孔子所确立的师道尊严，不是在学生面前，而是在权贵者、权势者、帝王将相面前的尊严，这才是老师的师道。一句话：老师要像老师。这就是"为人师表"啊！

上面这几条看法，发给小朋友后，想不到他回了一封很长的信，谈了他读后的许多感悟，尤其有两句话感动了我。他说：做人不也应该这样吗？做官不是更应该这样吗？

小小年纪，他想到了做人也应该具备这七条，做官似乎也更应该具备这七条，这是他的发现、他的视野、他的认知。难得！

我为什么感动？我的感动在哪里？我想到了孔子，也想到了佛陀。在《论语·为政篇》中，孔子说："学而不思则罔，思而不学则殆。"孔子强调了思与学的关系，这同佛教强调"闻思修"三者的关系如出一辙。学，正是闻，而思是转化，通过闻，转化为自己的智慧。学而不思，正是有闻无慧，没有转化为自己的血肉、自己的财富。罔，是迷惘、迷茫，

“如人数他宝，自无半钱分”。虽然有闻，但数来数去，尽是别人的财富，自己却无半钱之分。思而不学，只有思而无闻，则如无根之草，岂不危殆！思与学，学与思，兼而得之，正是“修”。修者，行也，是行动、实践。张泽人小朋友提出的问题，不是一般的问题，他从怎样做一个老师，想到了做人，又想到了做官，这不是他学了有思、思了有修的结果吗？

张泽人小朋友从老师的样子，想到了做人是这样，做官也是这样，我又从张泽人小朋友的思索中联想到了中国传统文化中的“学”，学有正解，犹有旁通。正解与旁通，互相印证，互不可缺，这才是真正的国学，也才是真解、圆解。

身教重于言教

学是身教，是比言教更重要的教化。这个教化是德的教化，是德的感染力。身教重于言教，不始于今天，古代就强调这一点了。

《论语》开篇“学而时习之，不亦说乎”的“学”，到底怎么解？国学大家沈善增先生在《孔子原来这么说》（上海人民出版社版）一书中有精辟独到的解释。

第一句的关键词，不在“习”，而在“学”。《说文解字》中，“学”有“学习”与“教育”两个相反的义项。繁体“学”是个会意字，上部中间的“爻”，代表知识（爻，指《周易》中爻辞，《易》为当时非常重要的学问），上部外部是个“臼”字，代表膝盖，膝下有子，膝上有《易》，会意父亲把《易》学知识教授给儿子，或儿子在父亲的膝下学知识。《老子》中，据我考证，所有的“学”都作“教育”解。而《论语》中，也有许多“学”字，应该作“教育”解。

沈先生接着又指出：

我说这句中的“学”，与《老子》中所有的“学”，都是教。那么，《老子》《论语》中不是也有“教”字，这又作何解释？我通过考证知道，“学”作“教”解时，指的是身教，而“教”则指言教。在《国语·晋语九》那一篇中，“顺德以学（音 xiào）子，择言以教子，择师保以相子”这句话，是晋国大夫郇无正对权臣赵简子说的。意思是：你父亲赵景子“遵照德行来教育你，选择一些观点、理论、知识来教授给你，选择师傅来辅助你”。从这句话可以明显看出，“学（音 xiào）子”的是德，“教子”的是言。

我不再征引了，“学”含有“教”义，而“学”与“教”这一判别、解析，非常精要，让我们看到，学（音 xi à o）是身教，是比言教更重要的教化。这个教化是德的教化，是德的感染力。身教重于言教，不始于今天，古代就强调这一点了。我们的先人，给我们留下了“身教重于言教”这句宝贵的古训。

所以，读沈善增先生这一著作时，我在书眉处，写下了这句话：**学（音 xiào），是软实力；教，是硬实力**。

比尔·盖茨这位几乎家喻户晓的世界首富（也是世界最著名的慈善家），他的传奇事业与成就，是怎么得来的呢？很多人都向他提问过。他毫不迟疑地回答，他一生中最想感谢的就是另一个 Gates（盖茨）——他的父亲。

老盖茨写了一本书，中文版书名《比尔·盖茨是这样教出来的》。老盖茨在书中坦言，有不少人问他：“你是怎么教出比尔·盖茨这样的孩子的？秘密是什么？”他却在心里对自己说：“这是个秘密，没错……因为我自己也不晓得。”他承认，面对孩子的出生，怎样做好父母的角色，既没有经过任何训练，也是我们担任过最难又最重要的角色。老盖茨很诚恳，很坦率，他并没有教导孩子成功的途径，他只是通过家庭气氛、他信奉的人生哲学和他待人处事的方式，这些一点一滴的身教，成为最有渗透力的教养，造就了孩子对待事业的品格。比如：凡是老盖茨答应了要出席的活动，不管多么不重要，也不管遇到什么意外，他都一定会去（这种执着，后来变成了孩子们的笑话）。但是，老盖茨已经发现，这让小盖茨从小就学到了参与和守信，以及遵守承诺的好习惯。

这是身教重于言教最好的例子了。无论学校、社会、家庭，还是一个企业、一个公司、一个团体，我们的身教重于言教了吗？

我们的富二代、富三代和官二代、官三代，是不是也像小盖茨那样感受过这些“一点一滴”的身教呢？

人最宝贵的是素质。素质从哪里来？你所受的身教，以及你给子女、你给予别人的身教，你有省思、有精进、有体悟吗？

“学而时习之，不亦说乎？”

人生管理，做自己的主人

人，必须要有增值能力（自我增值的能力）。增值，就是在提升自己的境界。这就是人生的一种境界，你的价值首先决定于你的人生境界。

一、人的最大价值，在自己的境界

请让我先说三个小故事。

（一）小和尚的大石头

大都市城外山上有一座峰峦环抱、翠竹葱葱、松柏郁郁的古刹，有一天，一个小和尚跑过来向老和尚请教："师父，我人生最大的价值是什么呢？"

老和尚说："你到后花园搬一块大石头，拿到山下菜市场上去卖，假如有人问你什么价钱，你不要讲话，只伸出一个指头；假如他跟你还价，你不要卖，马上抱回来。师父就告诉你，你人生最大的价值是什么。"

第二天一大早，小和尚抱了一块大石头，兴致勃勃地跑到山下菜市场上去卖。菜市场人来人往，熙熙攘攘，人们很好奇，谁会买一块石头呢？结果没一会儿，一个家庭主妇走了过来，问小和尚："这石头多少钱卖呀？"

小和尚伸出了一个指头。那个家庭主妇说："十块钱？"小和尚摇摇头。家庭主妇说："那么是一百块钱？好吧，好吧！我刚好拿回去压酸菜。"小和尚听到后，心想："我的妈呀，一文不值的石头居然有人出一百元钱来买！我们山上有的是呢！"于是，小和尚遵照师父的嘱托没有卖，乐不可支地抱着石头跑回山上，去见师父："师父，今天有一个家庭主妇愿意出一百元买我的石头。师父，您现在可以告诉我，我人生最大的价值是什么了吗？"老和尚说："嗯！不急，你明天一早，再把这块石头拿到博物馆门口去，假如有人问价，你依然伸出一个指头；如果他还价，你不要卖，再抱回来，我们再谈。"

又到了早上，小和尚兴高采烈地抱着这块大石头，来到了博物馆门口。博物馆外，一群好奇的人窃窃私语："一块普通的石头，到底有什么价值？难不成是什么稀奇之物，只是我们还不知道而已？"这时，有一个人从人群中蹿出来，对小和尚大声说："小和尚，你这块石头要卖多少钱啊？"小和尚没出声，伸出一个指头。那个人说："一千元？一千元就一千元吧，刚好我要用它雕刻一尊神像。"

小和尚听到这里，倒退了一步，吓得说不出话！但小和尚依然遵照师父的嘱托没有卖，赶紧抱着石头跑回山上，去见师父，说："师父，今天有人要出一千元买我这块石头。这回您总该告诉我，我人生最大的价值是什么了吧？"

老和尚哈哈大笑说："你明天再把这块石头拿到古董店门口去卖，照例有人开价，但仍然不要卖掉它，你就把它抱回来。这一次，师父一定告诉你，你人生最大的价值是什么。"

小和尚听后彻夜难眠，只恨天亮得太慢。好不容易到了天亮，他急忙抱着石头跑到古董店门口。突然出现一名拍卖师，告诉他这是千年不遇的宝石，问他要卖多少钱。小和尚没出声，伸出一个指头。拍卖师说："十万元？"小和尚摇了摇头。拍卖师说："十万元就十万元吧，我要好好珍藏它！"小和尚听了，几乎当场晕倒，赶紧抱着石头跑回山上，去见师父，说："师父，今天有人要出十万元买我这块石头。这回你总该告诉我，我人生最大的价值是什么了吧？"

老和尚指着石头，说："其实，我们并不打算卖它，不过现在你应该明白，为什么石头的形状和外表都没有变，而你的想法和做法却再三变化呢？我之所以让你这样做，主要是想培养和锻炼你充分认识自我价值的能力，和对事物的理解能力。如果你是生活在菜市场，那么你只有那个市场的理解力，你就永远不会认识更高的价值。"

我对这个故事的体悟有四点：

第一，如果你是生活在菜市场，那么你只有那个市场的理解力，你就永远不会认识更高的价值。

第二，人，必须要有增值能力（自我增值的能力）。增值，就是在提升自己的境界。这就是人生的一种境界，你的价值首先决定于你的人生境界。

第三，不管你在什么地方，同样的你，有人将你抬得很高，有人把你贬得很低。但这不重要，因为有价值的东西，只有在懂得价值的人面前，才有价值。所以重要的是，不管别人怎么去看，关键是你自己怎么看自己。

第四，路怎么走？是自己决定自己的命运，自己决定自己的价值！

我们今天处在一个价值多元的时代，什么是真正的价值？什么是人生最大的价值？什么是人生的精神境界？这是每一个人都不能不弄清楚的。

（二）赵州从谂禅师“吃茶去”

赵州从谂禅师“吃茶去”，是我国禅宗史上著名的一则公案。

据《广群芳谱·茶谱》引《指月录》记载：

有僧到赵州，从谂禅师问：“新近曾到此间么？”

曰：“曾到。”

师曰：“吃茶去。”

又问僧，僧曰：“不曾到。”

师曰：“吃茶去。”

后院主问曰：“为什么曾到也云吃茶去，不曾到也云吃茶去？”

师召院主，主应诺，师曰：“吃茶去！”

这则公案故事的生动，在院主听见后，疑惑不解，他问从谂禅师：“为什么曾到这里的要吃茶去，不曾到这里的也吃茶去？”从谂禅师立即叫院主，院主应声恭听，从谂禅师说：“你也吃茶去！”这就是赵州禅师“吃茶去”这则公案的缘起。我的体会是：

第一位僧人，这里来过。来过了，不等于到达了那个境界，吃茶去（你要去到达那个境界）。

第二位僧人，这里没来过。既然没来过，更要去到达那个境界——吃茶去。

第三位院主，提出为什么，说明你不懂，那你更要去到达那个境界——吃茶去。

到达人生的境界，这才是人生的最高价值。吃茶去，是增值，自我增值，就是提升自己的境界。

（三）刘开渠卖画

中国美术大师、雕塑家刘开渠先生，年轻时在上海穷困潦倒，鞋子破了，既没有钱修补，更没有钱去买一双新鞋，吃饭也三餐不继。

有一天，他画了一幅老虎，拿到街上去卖，一个外国人看中了这幅虎，想买，问："多少钱？"刘说："五百美元。"

对方嫌贵，问："能不能少点儿？"

刘说："不能少。"一边说，一边把这幅画撕碎了。

外国人大惊："年轻人，你怎么撕了呢？太可惜了，五百美元卖不出去，少一点儿也可以啊，你为什么生气呢？"

刘开渠平静地说："先生，我没有生气，我要价五百美元，因为我认为它值五百美元；你不愿出五百美元，说明它在你眼里不值这个数。那么，我撕了，我会重画，要画到顾客认可它为止。"

年轻的刘开渠走了，他很穷，也太需要钱（假如是常人，可能压低一点不要紧，能卖多少就卖多少，先拿到钱再说），但是，他不能降低了自己的追求，他追求的不是钱，他追求的是价值，是人生价值，是人的精神境界。这种人生价值的追求，人对自身精神境界的追求，就是人对生命的自觉。人的自觉，实际上就是人的一种境界。人没有生活的自觉，就不会生活；没有读书的自觉，就不会读书；没有生命的自觉，就不会管理好自己的生命，照顾好自己的生命。

二、人生最宝贵的一堂课：自觉

阅报获知，被称为"英伦第一才子"的作家阿兰·德波顿（瑞士人）在伦敦开设了一间"人生学校"，据说，他要用广义的文化来诠释与定义人生，也就是让人们在他的学校里学习如何回答日常生活中出现的、书本上回答不了的问题。比如：早上赖床不想去上班的人如何规划自己的生涯？怎么跟分手的情人相处？了解我们为什么说谎？自己一个人如何生活？怎样变成一个在别人眼中很酷的人……总之，内容有趣而不可思议。据说，为了这个赶到伦敦去，想进这所人生学校，希望带回一些人生的热情，用新的态度面对日常生活的人，还不少。

生活中已知的、未知的问题太多了，这所人生学校都能回答吗？都能化为课堂上的教学吗？

我认为，人生学校最重要、最宝贵的一堂课，就是“自觉”。大家可能都看过《三国演义》，刘备三顾茅庐，第三次去到那里，诸葛亮还没起床，他醒来后，唱了一首诗：大梦谁先觉？平生我自知。草堂春睡足，窗外日迟迟。这说明诸葛亮是一个自知自觉的人。

我说的这个“自觉”，有三个内涵：

（一）这是自己的觉醒、觉知、觉悟，不是别人给的，别人也给不了你。别人给的还是别人的，不是你自己的；

（二）这种觉，是自己的体验、自己的发现、自己的感悟，也是被自己证明了的，佛家叫“自证”；

（三）这种自觉，即看破、放下。看破一切皆由缘而起，缘散而灭，一切都是有条件的存在，是不真实的，不能恒常、恒久的。一切现实的存在，都是缘起的存在（悟空），因此，要尊重自己、尊重别人、尊重世间、尊重现实、尊重真理。能做到这种平等心，必然无贪、无嗔、无痴，这就是真正的自觉。

唯有自觉，才能走出烦恼，走出忧悲痛苦。也唯有自觉，才能管理好自己的生命，管理好人生。

佛，梵文作佛陀耶，翻为中文，就是一个自觉的人、觉悟了的人、觉行圆满的人。

三、人，最不知道的是什么

以研究人、研究人的本性、研究人的异化、研究人的存在而闻名于世的海德格尔（Martin Heidegger，1889—1976），在经过第一次世界大战的痛苦体验之后，他对于人可以出卖别人，人与人之间为什么会那样凶残、谋害与不公，总想找出原因。他终于从希伯来民族的《创世纪》中找到了最原始的源头：

亚当与夏娃犯罪。上帝询问："亚当！你在哪里？"

"上帝！我不好意思见你。"亚当躲在丛林里答非所问。

"奇怪了，是否你偷吃了禁果，而不好意思见人？"上帝追问。

"是你造给我的那个女人叫我吃的！"

上帝静默了一会儿。

"夏娃！你为什么叫你丈夫吃那禁果？"

"是那条蛇叫我吃的！"夏娃同样推诿着。

这是在《圣经》中也有记载的一个著名故事。从这个故事，我们至少可以看出以下四点：（一）人能知错、知愧，但是，人会推诿；（二）人会掩盖自己；（三）人容易上当，太过相信别人；（四）人对自己不负责任。一定要查责任，责任都在别人那里。把这四点，集中到一点，就是人不知道自己有责任。所以海德格尔终于找到了人类从最初就具有的不负责任的原始性格。

据说哲学界一致公认的是：海德格尔的最大贡献在于，他用最有说服力的分析，把人性的原始存在揭示出来，从而告诉我们，只有用解放人性中的责任感，才能打通人际之间的友爱关系，以人与人之间的整体性——亦即人类的整体性，来完成人的真正存在，以人类的整体意识，来完成人生在世的生存目的。

我这里是借用海德格尔的“发现”作为一个引子，来印证我们生活中的常态，人类要从不负责任转到尽责任，只有人人尽责任，人人都有责任自觉，那么，人的存在才能真正实现。

从报纸上，我们常读到十几岁的孩子离家出走的报道，电视台还有专题节目经常讨论。佛教讲因缘，离家有离家的因，出走有出走的缘。一个孩子，正在读书、求学、成长的年龄，忽然抛书弃家走了，不知流落何处。怪孩子吗？孩子有气。怪父母吗？父母有泪。怪老师和学校吗？老师和学校有冤。怪社会吗？你找不到责任人。

谁都没有责任，恰恰是谁都有责任，谁都不能没有责任。归根结底，当然是孩子自己本人有不可忽视的责任——问题却是我们不知道自己的责任。

小皇帝（小公主）们，享受的是依赖的爱，是别人无条件给予的爱。饭来张口，衣来伸手，父母爱他，爷爷、奶奶、姥姥爱他，学校、老师当然也爱他。他所享受的关心、体贴、照顾，全是应该的。他享受了这种爱，却不知道自己有珍惜这种爱、维护这种爱的责任。如果有一点点关心不够、体贴不到、照顾不周，或者稍不遂意，那就很可能有一场“暴风雨”来临，以最极端的方式，学着电影电视的情节，车站、码头、孤山野庙，漂泊去也。哪管你父母多少眼泪，家庭多少心血，老师多少自我谴责，学校、班级多少不安和影响，对社会又造成多少伤害！他没有一点个人责任——假如他知道自己有责任，也就不会离家出走了。

离家出走的孩子，毕竟是少数。人类的恶行还更多，偷盗、爆窃、抢劫、仇杀、色诱、强暴、谋害、欺诈……尤其街头公然施暴，眼见弱者被虐、遭祸，周围观者如堵，却无人制止，无人相救，群体失语，历史失忆，社会不公，正义何存？人，为什么失去了责任自觉？是真的不知道自己有责任？

家庭伦常悲剧，时有所闻。父母的责任，丈夫的责任，妻子的责任，兄弟姊妹的责任——是否都已尽到自己的责任？还是不知道自己有责任？

人类向大自然滥施开采，恣意掠夺，江河污染，环境破坏，生态失衡，大地震怒。南亚海啸，死亡 25 万人，受灾人口两百余万，报由业感，共作共受。人，有没有意识到自身的责任呢？有些国家，为了旅游收入，知情不报，难辞其咎——是不是也不知道自己有责任？

佛学，就是生命管理学。学佛，就是让我们管好自己的生命。管好生命，就是要尽责任。尽什么责任？尽生命角色的责任。所以，管好生命，也可以说首先是管好自己的生命角色。我以老师为例吧。一个学校的教师，他大概有五种生命角色：（一）知识的传播者（责任是传播知识）；（二）团体的组织者（责任是组织好全班的教学）；（三）纪律的维护者（责任是管理秩序，维护集体纪律）；（四）家长代理人（家长把孩子送到学校里，老师的责任就是要代家长照顾他们、关心他们、教育好他们）；（五）模范公民（言传身教，责任就是为学生做出表率）。可见，尽责任本是尽自己的生命角色的责任。

如前所述，一个正在读书的孩子，我想也有三个生命角色：（一）对父母而言，他是儿女，儿女的责任就是关心父母、孝敬父母，有维护家庭、体谅父母的责任；（二）对学校而言，他是学生，学生的责任，就是尊敬老师，严守校规，专心致志，好好学习，掌握知识与技能，完成学业；（三）对一个班级而言，他是这个团体的成员，他就有维护本团体荣誉的责任，不能给本团体造成危害。如果他知道了自己这三个生命角色的责任，他还能逃课、离家、出走吗？

四、用感恩心做，世界才会变得十分美好

香港理工大学校长潘宗光教授做了 18 年大学校长，2008 年 12 月底退休，他在欢送晚宴上，说了一段话：

“我要感恩的人实在太多了。我感恩给了我生命的父母，感恩人生路上遇到的各位良师益友，感恩太太和家庭，感恩学校的同事和同学，感恩一切因缘和合的人和事。”

他又说：

“我未必能一一报答所有有恩于我的人，但我把这一份美好的感情积累下来，无形中便成了我奋斗及报效社会的力量，令我背负一份责任。感恩不应只是一个心念，更要在人生过程中去实践、去尽责任，这是我所领悟的感恩的意义。”

他说得太好了。心怀感恩，这是我们每一个人都应有的日常修行。修什么行？一切行动，一切行为，都是感恩、报恩。用感恩心做事、做人，世界才会变得十分美好。

一个人，心中充满感恩、关怀、慈悲，他的心脏就会是协调、和谐

的频率，使心血管功能良好，神经系统处于安和平衡的状态。一个人心中充满怨恨、委屈、愤怒，或牢骚、不满，看人左也不顺眼、右也不合意时，他的心血管功能就会紊乱，就出现问题，这是医学界目前已经公认的科学结论。所以，潘宗光教授说：“用感恩心做事、做人，世界才会变得十分美好。”我接过来说：这个“世界才会变得十分美好”，首先在于我们自心变得十分美好。没有这个自心的美好，哪来世界的美好呀？

感恩——

你是一个无言的叙述者，叙述的是什么叫服务。

你是一个表演艺术家，表演的是你出色的技能能力。有多大能耐，就看你的精彩演出。

你是一个品牌，这有两层含义：一是公司品牌；一是个人品牌。你靠公司品牌，也显示了你的个人品牌。如果个人品牌明显出来了，就强化了公司品牌，也就是公司的卖点、个人的卖点相互依存。客户往往为个人品牌所吸引，所以个人品牌正是公司品牌的生动体现。

管理学大师彼得·德鲁克（Peter Drucker）说：“现在个人专长的寿命，比企业的寿命还长。”这是说，你在企业不会干一辈子，但你学到的特长，一辈子有用。我们还不应该感恩吗？

我经常在不同场合谈到软实力的问题。权衡一个国家、一个公司、一个群体乃至个人，都不能只依赖“硬实力”。今天，我们这个市场经济主导的社会，功利至上，物质第一，金钱主义，崇拜金钱、权力，外在的诱惑太多，传统的人文价值、崇高的人品道德都被忽视、被淡漠了。对于个人来说，“硬实力”即他所获得的学识、技能、本领以及他的成就，等等。同时，还应该提升他的“软实力”，即品德、心量、智慧和慈悲。而感恩心，恰恰把这一切都召唤回来，都一一体现出来了。佛教所教化我们的，就是提升我们的软实力。它的力量是无穷的。

管理自己，管好自己，往往比管理别人难多了。有感恩心的人，用感恩心去做事、做人的人，这就不难了。

五、一切都在自心，心是健康快乐人生的源头

佛教关于“心”的学问，对“心”的认知，比西方的思想家、哲学家们早了两千多年。西方的哲学家们不是不懂得“心”的存在，也从来没有否认“心”的存在。笛卡尔（Ren é Descartes，1596—1650）就解决了“人的存在”的问题。我是怎么存在，人是怎么存在？人的存在，成了一切问题的前提与核心。“我思故我在”，离开了“思”，还有我的存在，还有人的存在吗？离开了“思”，一切存在都不存在了。存在，是“思”中的存在，是有了“思”才有了存在。思是什么？“心之官则思”。思是心的功能、心的作用嘛。离开了心，还有思吗？笛卡尔的贡献，就是在佛陀灭度的两千年后，提出了“思”（心）是一切问题的重心、重点，决定性因素。没有它就没有“我”的存在，当然也谈不上什么存在不存在了。

到了 20 世纪，德国的卡西尔（Ernst Cassirer，1874—1945 当代西方符号学的创始人），在《人论》（亦译作《论人——对人类文化哲学的介绍》）一书中提出：“人类不能把握一个现实世界，只能把握一个由符号构成的观念世界。”这句名言几乎轰动了当今世界，其实，佛陀在《金刚经》中早就说了：“佛说般若波罗蜜，即非般若波罗蜜，是名般若波罗蜜。”这也正是当年毛泽东问赵朴初先生的：“叫你赵朴初，即非赵朴初，是

名赵朴初，对吗？”赵朴初连声说：“是呀，是呀。”这不是一个由符号构成的观念世界吗？按照卡西尔的理论，我们可以这样来理解：如果我们的心（观念）转变了，其实，就等于换了一个人，周围世界也就换了一个世界。因而，可以说，也就是开始了一个新的人生。——举一个实例吧：

一个女人走进邮局，要了一张电报纸，写完后扔了。又要第二张，写完后又扔了。第三张写好后，她递给报务员，并嘱咐尽快发出。女人走后，报务员对这三份电报产生了兴趣。找来一看，第一份上写着：一切都结束了，再也不想见到你。第二份上写着：别再打电话，休想再见到我，我已经走了。第三份的内容是：乘最近的一班火车速来，我等你。

如果前两封电报发出去，一切都结束了。可发出去的是第三封，终点又成了起点。这证明，如果我们的心（观念）转变了，其实，就等于换了一个人，周围世界也就换了一个世界。因而，可以说，也就是开始了一个新的人生。——这与佛教所说“一切唯心造”有什么不同呢？注意，一切唯心造，不是说心造出了世界，造出了一切，而是你对世界的感知、感觉、感应、感受，都是心的功能、心的显现、心的作意、心的解画，如此而已。与前面笛卡尔的“我思故我在”、卡西尔的“人类不能把握一个现实世界，只能把握一个由符号构成的观念世界”是同一所指啊。佛说：“心本无生，因境而有。”这就是佛教的辩证法。

最后，我要向大家介绍《佛说太子瑞应本起经》中的一首偈语：

无病第一利

知足第一富

善友第一厚

无为第一安

无病，就是健康。知足，就是幸福。有善友，能安心，就是快乐。

中共十八大报告中，有一段话说得极好：

在思想上同心同德

在目标上同心同向

在行动上同心同行

首先是“同心”，才有同德、同向、同行。这不正是守护我们的心灵吗？离开了“同心”，我们还能同德、同向、同行吗？

传统与文化

中国古人最初提出“文化”这一概念，原是相对于“武功”而言。“以文化之”，是文化的最初义、本来义。文化是一个民族之所以能够延续、传承、发展并自立于人类社会的最重要的基石。

什么是文化?

文化有四种形态：物态文化、制度文化、行为文化、心灵文化。总括一句：文化不在别处，文化就在每个人的行为之中。你的行为，就是你的文化。

上海玉佛寺一年一度的觉群文化周，最精彩的是学术研讨会。2012年的学术研讨会主题是：当代佛教与文化繁荣。毛泽东主席生前说过：佛教是文化。讲中国文化，或者讲东方文化，当然离不开佛教文化，尤其无法撇开中国佛教文化。当初胡适之先生写中国的哲学史，写到秦汉黄老之学，就写不下去了。无他，因为写这部成名之作时，他不懂佛教。

佛教于公元元年前后传入中国，这是外来文化第一次系统地进入中国。它很聪明，它改变了自己，接受了中国文化，用中国文化来改善自己、包裹自己，经过探索、适应，很快融入了中国文化，在中国文化土壤中生根，慢慢成长为中国的佛教文化，成了中国文化中不可分割的三原色（儒道释）。

胡适之的《中国哲学史大纲》只有上卷，而无下文。后来胡适之研究了佛教，了解了佛教，所以他才说，韩愈、李翱只是唐代的二流思想家，而玄奘和他的弟子窥基，才是唐代一流思想家。这是胡适之后来的发现。

两千多年来，真正懂中国文化的，恐怕已无人不知、无人不晓佛教文化是中国传统文化的组成部分。离开了佛教文化去谈中国的文化史、艺术史，或者哲学史、文学史，恐怕也是谈不下去的。

现在，讲国学、讲文化的人很多；但了解什么是国学、什么是文化的人，可能并不很多。我不揣浅陋，冒昧以“什么是文化？”为题，希望对文化做一点基础性、本源性的探讨，只是漫谈，信笔写来，还祈方家不吝指教。

什么是文化?

先说“文”。世间万象，生生灭灭，佛家叫“诸行无常”；马克思哲学观叫“一切事物，不是静止的，都是发展变化的”；在中国传统文化（《周易·乾卦》）中，就叫“天行健”。君子要体会这个天行健，觉知这个天行健，效法这个天行健，才能以自强不息。三个不同说法，都是一个意思：感受天地宇宙、万事万物，无不在各自的流动运行之中。流动，运动，变动，恒动，生动，感动，有声有色，有光有彩，不一不异，这就是文。

天有天文，地有地文，人有人文，水有水文。云霞也有文，飞鸟走兽，都有文。君不见，大如孔雀、狮狼虎豹，小至鱼蛇蜂蝶，无不有文。你知道当初伏羲画卦是怎么画出来的吗？《易·系辞传》中说，“仰则观象于天，俯则观法于地，观鸟兽之文”，对呀，向上看，天象天文；向下看，地理地文；四周看，鸟兽鱼龙皆有文。所以后来提炼出一句话来：经天纬地谓之文。

“郁郁乎文哉，”孔子如此惊叹于周继承了夏、商二代的礼乐、典章、制度。可见，“文”，是大格局、大华章、大气魄、大手笔，是高质素、高涵养、高品位、高境界。

再说“化”。化是无常的形态，也是无常的必然。改变了就叫化，转化、变化、融化、化和、化合，到了出神入化、化妆无妆的地步，是为化境，那已经不是原来的那个“我”、那个“他”了。

《乐记》中讲“和，故百物皆化”，正因为百物（万事万物）能化，所以才能“和”。和，就是化的结果。《黄帝内经·素问》中又说，“化不可代，时不可违”，故宇宙就称为“大化”。化而后生，故又称造化。《列子·天瑞》中说：“人自生至终，大化有四：婴孩也，少壮也，老耄也，死亡也。”这里，大化就成了生命的代称。人的大化，走到第四个阶段，就必然要火化了。在道家，那就叫“化鹤”。在藏传佛教，那又叫“虹化”了。

与上述不同的是，在我们佛教中，大化恰恰与教化同义。《法华玄义》卷十云：“说教之纲格，大化之筌蹄。”这个“大化”才是最宝贵的东西，即人可以改变自己，可以化度，能化能度，是教化的结果。所以，教化、化育，在文化中才有了最重要、最本质的意义。教育的本质是感化、教化、施化，因而《管子·心术上》说“化育万物谓之德”，这是德的栽培，德的化成；是教化人、培育人的伟大事业；是十年树木、百年树人的崇高目的。于是，“春风化雨”“桃李满天下”，就成了对教育工作者、教化工作者的赞颂之词。

我们回溯历史，中国古人最初提出“文化”这一概念，原是相对于“武功”而言。“以文化之”正是周公总结了商代穷兵黩武的教训，从而下大力制礼作乐的初衷。这从现存《周礼》《礼记》《仪礼》等古籍中一再强调的“夫礼，天之经，地之义，民之行也”即知。可见，中国的“文化”从一开始就在于倡明礼乐的教化作用，这也可以说明孔子对“乐”的重视，甚至要超过“礼”（孔子学琴于师襄子，闻韶三月不知肉味），就因为看到了音乐的教化、感化作用。“以文化之”，这才是文化的最初义、本来义。

谈到佛教，可能有些朋友还不知道，佛寺亦称化城，这是从《妙法莲华经·化城喻品》中来的。进入化城，感受佛法，断惑证真，获得解脱，这不正是人生的崇高境界吗？所以唐诗人王维《登辨觉寺》诗云：“竹径从初地，莲峰出化城。”那座辨觉寺，就是莲峰下的一座化城啊。

为了把这个“化”的深义说得更清楚一些，请允许我再援引一则关于六祖惠能大师的著名故事。《坛经·机缘品第七》云：

师自黄梅得法，回至韶州曹侯村，人无知者。时有儒士刘志略，礼遇甚厚。志略有姑为尼，名无尽藏，常诵大涅槃经。师暂听，即知妙义，遂为解说。尼乃执卷问字。师曰：“字即不识，义即请问。”尼曰：“字尚不识，焉能会义？”师曰：“诸佛妙理，非关文字。”尼惊异之，遍告里中耆德云：“此是有道之士，宜请供养。”

这则故事很生动。六祖惠能大师自黄梅接得衣钵，回到韶州曹侯村，没有人知道他。那时候曹侯村有一个刘志略，是一个儒士，他的姑姑出家了，叫无尽藏比丘尼。无尽藏比丘尼经常诵《涅槃经》，听说惠能行者来了，跟刘志略友好，就来请教他。惠能说：“哎呀，字我都不认识，你给我读一下吧。”这位比丘尼生疑：“你字都不认识，怎么来解呢？”六祖回答得真是厉害，他说："诸佛妙理，非关文字。"无尽藏比丘尼一听，就大为叹服，再请教那些义理，都很透彻。她马上跟村里的长者说："这是圣人哪，这是一个大修行人，应请大家供养。"

好一个"字即不识，义即请问"！无尽藏不解了："字尚不识，焉能会义？"问得不错，任谁都会这么问的。而六祖的回答，石破天惊，至理名言："诸佛妙理，非关文字。"无尽藏比丘尼果然不是等闲之辈，大为叹服：这是圣人啊，是难遇难见的大修行人啊！尼问的是字，师答的是义。前已交代，她在那里诵《涅槃经》，"师暂听，即知妙义，遂为解说"。能解说，是因为他暂听、已听、听到了，耳根圆通，这就是"化"呀，由听而化，由耳根而化。不化，怎知妙义？"化"的功用，妙矣哉。这是"化"的生动实例。至今西方还在逻辑、概念、计量、资料、量化、技术、核数、统计等操作中寻求，两千多年前，或一千五百年前，中国人就知道跨越逻辑思维，跨越语言文字，直达直觉妙悟的化城、化土、化境了。这个"化"，才是文化的核心义。

文化是什么？

"文化"一词的定义到底是什么，众说纷纭。据有人统计，给"文化"下定义的有一百六十多种以上。即使 UNESCO（联合国教育、科学及文化组织）这个世界公认的最有权威的文化团体，也没有对"文化"作出自己的定义，甚至没有说明它究竟倾向于何种诠释。反正，人人都在说文化、谈文化、学文化、用文化，那就各由其说、各顺其便吧。

但是，进行学术探讨、搞文化研究的人，还是不能不找出一条定义来，作为一个立说的起点。据说，最著名、被援引最多的是英国人类学家、民族学家爱德华·泰勒（Edward Tylor）1861 年在他所著的《原始文化》

一书中提出的关于文化的定义：

文化——是包括全部的知识、信仰、艺术、道德、法律、习俗以及作为社会成员的人所掌握和接受其他任何能力和习惯的复合体。

阿弥陀佛，这个概括只是平面地列举了一些文化要素，既未能立体地举出文化形态，又不能显示文化的历史承传与发展。于是，我想到了《论语·八佾篇第三》中孔子的一席名言。子曰："周监于二代，郁郁乎文哉，吾从周。"蕅益大师《四书解》中，对此有一段精彩的注释：

花发之茂，由于培根。礼乐之文，本于至德。至德本于身而考于古，即是千圣心法。故从周，只是以心印心。又，从周即从夏商，从三代古训也。

蕅益大师精通儒道，他点出了孔子"郁郁乎文哉"，张扬赞颂的是千圣心法。至德是本，心法是根。世界上存在没有根的文化吗？孔子懂得历史的继承和文化承传接续是不可割裂的。代有更革，时有新移，人类能够把自身的文化源流切断、堵塞，或者阻隔、分割甚至抹去吗？周文周武，开创了一个新时代，但他没有拒绝夏商文化，而且借鉴二代、上承二代，发展了自己，成就了自己的"郁郁乎文哉"。孔子说"吾从周"，从周正是从夏商，从古德，从古训。

蕅益大师了不起，他说透了、点明了。

大家都知道马克思主义唯物辩证法的三法则：一是量变到质变；二是对立统一；三是否定之否定。可是有些书，有些思想家、理论家，只讲量变到质变，只讲对立不讲统一，甚至否定之否定从来不提、不说，等同它并不存在。马克思主义的文化精髓可以被割裂、被掩盖、被消失吗？

所以，讲文化，能不讲“根”、不讲“德”、不讲“千圣心法”吗？

祖国的根，民族的根，可就在文化啊。文化是什么？文化是一个民族之所以能够延续、传承、发展并自立于人类社会的最重要的基石，它是一种人类特有的适应社会存在又创造了自身存在的物质形态与精神形态的总和。从万里长城、敦煌石窟、北京故宫，到宇宙飞船、绕月卫星；从《易经》《老子》《论语》《史记》，到佛教的三藏十二部，这不都是人类文化的精品、极品和思想珍宝吗？

恩斯特·卡西尔说：“人是文化的动物。”因为，人创造了文化，文化也创造了人。从一切文化成果来看，的确如此。但是，拒绝文化、不要文化、丧失文化、毁弃文化或者毁灭文化的人有没有呢？历史上的例子还少吗？秦始皇的焚书坑儒，清王朝的文字狱，历朝历代的冤假错案，是不是血泪斑斑？

到了商品经济时代，观念改变了，价值观也改变了，但是做人首在立人以品，做人不能不讲道德啊。我国的领导人提倡以德治国，社会提倡“五讲四美”，学校也有思想品德教育，但这几年来，有毒奶粉、地沟油、假医假药，不是令人谈虎色变吗？大街上一个小孩被车撞倒（撞伤）了，他爬不起来，又被后面一辆车接着辗过，路人见了，只有围观，无人相救。读到这样的新闻，我眼眶含满泪水。

当我执笔写此文的时候，无意中读到了两则新闻报道。一则说：大连市一名女大学生，入学一周后，把她的衣袜（包括内衣和七双袜子）从宿舍速递回家，要七十四岁的外婆为她洗好再寄回学校。父母得悉此事后，怒骂女儿丢脸。这丢了谁的脸呢？《论语·述而篇》中，子曰：“德之不修，学之不讲，闻义不能徙，不善不能改，是吾忧也。”孔子是一位教育家，是师文化的创立者，他提倡修德进业，不修德，如何进业？大学是文化摇篮，这位大学生是在什么样的文化环境中成长的呢？她“丢脸”是丢了谁的脸呢？

第二则，很有趣。香港一位著名教授，也是一位作家，来到江苏镇江考察。负责接待的人知他爱好书法，便问他要不要去看看米芾墓。教授兴致很高，当然要去。据说墓在镇江城南鹤林寺附近，但鹤林寺已拆了，片瓦无存，找不到方位。问当地老乡，问了许多人，都回答，米芾墓，没听说过。有人说，在这里住了一辈子，也没听说有什么米芾墓，但“米市墓”倒有一个。好吧，那就去“米市墓”吧。墓在一处山坡的顶端，还有石阶，前有石牌坊，大字果然题的是“米芾墓”，启功题。墓前石柱有一对联：

抔土足千秋襄阳文史宣和笔

丛林才数武宋朝郎署米家山

墓碑题：宋礼部员外郎米芾元章之墓，一九八七年春日重修

下款：曼殊后学启功敬题

这一行人终于找到了米芾墓，满足感可想而知。可是，在这陵墓前来了一群打扫的青年人，很显然，他们是为这所陵墓做清洁、保护服务的。“请问，这是谁的墓呀？”“不知道。”一连问了许多人，都说不知道……

我引述这篇新闻稿件，很抱歉，让我的文字拖沓了、啰唆了，但我

不能不写出来。什么是文化，文化是什么？对许多人而言，已经陌生了。我们身边宝贵的历史文化财富，就这样在“不知道”的状态下等同空白。诗人艾青曾经写过：“为什么我的眼里常含泪水？因为我对这片土地爱得深沉。”中国文化是世界各种文化中最优秀、最丰富、最有生命力的，我们对这份珍贵的文化遗产了知多少，承传了多少，又丢失了多少？作为子孙后代，我们真的不知道老祖宗究竟给我们留下了多少家底！

住在米芾墓近侧的人，不知道米芾墓。为米芾墓打扫的人，不知道这是谁的墓。这只是林中一叶、岸边一沙而已。曾经有记者访问学界前辈周有光先生，写下一篇《接过文化传递棒》的访问记，可见，文化是有传递、是需要传递、也是必须传递的。

周有光先生在访谈中有一句话说得很有趣：“中国文化原来是中国儒学和印度佛教以及其他因素的混合物。佛寺多于孔庙，是古代双文化的遗迹（编者按：双文化指儒文化、佛文化）。”周有光先生是语言文字专家，是学贯中西的大学者，“双文化”是他对中国传统文化的新颖概括，实际上是突出了儒文化和佛文化，周先生是很有见地的。这个“双文化”，我们传递了多少？传下来多少？问问我们出家人，佛寺的建筑是什么建筑？汉传佛教的僧服，是怎么来的？为什么过堂（用斋）要先敲火点？这些基本礼仪是什么文化传承？他们都能说个一清二楚吗？

文化有四种形态：物态文化（前已说到万里长城、绕月卫星）、制度文化（前已说到“郁郁乎文哉”）、行为文化（每个人都看一下自己，就知道了）、心灵文化（已说的有《易经》、老、孔、孟、庄到佛教三藏十二部，未说的就是自己心中道德的含量与道德的高度了）。总括一句：

文化不在别处，文化就在每个人的行为之中。你的行为，就是你的文化。

我还要报告的是，今年八月初，上海人民出版社出版了一本及时的好书《崇德说》。作者沈善增先生是上海作家，也是一位学者。《崇德说》一书是当前对文化研究、文化探讨的一部扛鼎之作。他在开篇介绍自己的写作缘起时说：

“二十多年的心路历程，不仅使我认识到以老孔庄、儒释道心谛为代表的中华崇德文化是迄今为止世界上最优秀的文化，最具生命力的文化，崇德文化的世界观和方法论——生命哲学是最高明的哲学；而且，崇德文化是当今中国与世界解决危机、走出险境的最有效的法宝。中华民族文化积淀了崇德文化丰厚的思想资源，保存了崇德文化圣火的火种，积累了丰富的弘扬崇德文化的正面经验与离弃崇德文化的反面教训，有责任，有义务，有得天独厚的条件，向全人类奉献这份无上宝贵的精神财富。”

说得太好了。人类文化，以价值取向定位，迄今为止，只有崇德文化与崇力文化两大类。在本书中，沈善增先生对这两大类文化的体系、渊源、性质及其社会影响都有深刻的对比与剖析。认真读完沈善增先生的研究成果，我认为《崇德说》一书，无论是执政者、当权者、教书育人者，还是腰缠万贯而又亟亟乎移民、莫之所措者，乃至每一个渴望“好好过日子”的书生、平民，每一个寻找生命意义、不负生命赋予而又期待生命自我实现的善良人，都应该来读一读这本好书。《崇德说》一书此时出版，我感到有如惊蛰春雷，是中华优秀文化复兴的瑞兆，是让崇德文化得到举世认可和弘扬的历史呼唤。

佛教文化是中华优秀传统文化的组成部分，国家宗教局王作安局长在第三届世界佛教论坛上指出："佛教是人类历史上重大的社会文化现象和宝贵的文化财富。我们将更加重视佛教文化的继承、挖掘与弘扬、阐发。"我深信，每一个佛教徒在新的历史时期，都必将为文化繁荣做出我们应有的奉献，将此身心奉尘刹，是则名为报佛恩。

真正的国学在哪里？

国学，仅仅是《三字经》《弟子规》和穿汉服、吟古诗吗？其实，我们身边，国学无处不在。

国学，仅仅是《三字经》、《弟子规》和穿汉服、吟古诗吗？

中国人有名字。这个名与字，很有讲究。我师父茗公上人，不仅是一位讲经说法的高僧，还是一位诗词、楹联、书法兼擅的大家。他一见我，就说："我知道你会来，我已替你把名字取好了。你法名乘幻，字觉真。"一句话，说清楚了：名是名，字是字。名是字派，是上一代与下一代之间的传承。我们的字派"大乘觐妙法"，我师父大鑫，大字辈；我是乘，名乘幻；我的徒弟就是觐字辈……在中国，生下了儿子，名是父亲给的，当然也是由该姓该宗的字派来命名的。字，也称表字，或冠字。男子二十而冠，二十冠后，再取一个别名，称字，也称别字。名是父母叫的，朋友之间都以字相称呼。字，又可以叫"号"。自己取的，叫"自号"。另取一个，也叫"别号"，或"外号"。例如孔子，名丘，字仲尼。他自称"丘"，别人尊称"仲尼"。再如诸葛亮，名亮，字孔明。他自称"亮"，别人都称他"孔明"。这个名、字、号，是中国人独有的，也很有讲究。

佛教仪规中，坐在正中的主法大和尚，双手捧着一柄如意。这个如意，又是中国的文化传统。古代达官贵人都会手捧如意的。它最初的功能是用来搔痒。到了天气炎热的时候，背上很痒，这柄如意就解决问题了。年幼晚辈来拜见长者，长者为了表示亲热，就用如意在后辈的头上或额前轻轻敲叩，以示祝福，于是，如意又成了吉祥物。这柄如意就有了四个内涵：一、尊贵，只有尊者才用；二、背上痒了，不求人，自己解决自己的问题，这不是如意吗？三、可以祝福晚辈，祝福他人；四、成了吉祥物，又叫吉祥如意。这是不是国学呀？

佛教对民族团结、安抚蒙藏起了很大作用，所以清帝崇佛，佛教的挂珠传统也传到了朝廷，大臣胸前也都垂挂朝珠一百零八颗。戴珠上殿时，右手拇指和食指轻捏朝珠最下端的隔珠，既示庄重，亦表诚敬，这与大和尚上殿时挂珠一样。佛教文化与中国文化已很难分割了。

古代臣子面君，要跪拜如仪，要三呼“万岁”。三呼，显然是错了，应是“山呼”。人生百年谁能万岁？于事于理皆不符。皇帝想的是天下，是他的“江山永保”，要对得起列祖列宗，要为子孙后代着想，所以“山呼万岁”的山，是江山，是山河大地，这不是个人生命的长命万岁，而是江山巩固，永保千年万年。这个“山”的含义，才是真正的国学。

古时候，男人的美称是“子”。这个“子”，有三解：一指地位，公、侯、伯、子、男，这是爵位，是社会领导人，是诸侯、贵族；二指德，在历史上，他们以德立言、以德荣宗，所以冠上了姓，如孔子、孟子、老子、庄子、墨子、孙子，以及后来的程子、朱子，等等；三指老师，是弟子对老师的尊称，也称“夫子”。许广平称鲁迅夫子，那是学生许广平对老师鲁迅的称谓。《论语》中称孔子为子，多是学生对老师的尊称，而学生之间在背后称呼老师则多称“夫子”。《论语》中有四百多处“子曰”。子曰，即我的老师说。这是弟子亲闻目睹老师对学生所讲的实录，所以叫语录体记言。讲国学，能不知晓这些吗？

西方的科学发展了，近代史上中国科学的发展是落后了，但这不等于中国古代就没有科学研究。比如，你要懂得欧洲化学的源头，最好先懂得中国晋代的葛洪（281—341 年）。林语堂先生曾在他的一篇文章中指出：要懂得中国古代科学的地位与价值，最好去问问李约瑟（Josehp Needham），李约瑟是最佩服汉朝张衡、宋朝沈括的人。要谈中国古代的医学、数学、天文、物理、化学等等发明、创造，可以先去了解一下李约瑟，因为他有雄厚的西方科学知识做基础，能与中国古代的成就做最精细的比较。比如，欧洲的化学源于十五、十六世纪的点金术，那时欧洲的炼金术，传自阿拉伯的炼金术，直承葛洪之余绪。在李约瑟的研究中指出，葛洪不但是古代论述物质构成的理论先驱，而且是化学实验与化学工程的真正源头。据说，李约瑟在他所著的《中国科学技术史》（Science and Civilization in China）系列书的第四册中，讲到中国古代的物理声光（墨子的光学、黄钟大吕的声学）以及磁电工程（宋朝各种指南针的制造、汉朝的磁勺等等）。李约瑟的研究也让我们看到了世界睁大眼睛惊异于中国古代的科学技术成就呢。那么，墨子、乐记、乐府、乐经、乐律乃至沈括的《梦溪笔谈》、李时珍的《本草纲目》，你能说那不是我们的国学吗？

早前报载河南安阳考古挖掘曹操高陵的消息时，曾有人指出，出土文物中包括墓主嘴中含着的一颗翡翠珠。此珠从二号墓中掘出，原被泥土覆盖，才没有被盗墓者劫走。虽然事后考古专家澄清，此珠可能是冠上饰物，但死后含珠的葬仪在中国由来已久，且早有记载。《庄子·外物》篇有四句诗："青青之麦，生于陵陂。生不布施，死何含珠为？"青青的麦穗，生长在高高的山坡上。生前不行善布施，死了又何必要含珠呢？这说明中国古代人有死后含珠的礼俗。

中国人怀念祖先，有一句名言：慎终追远。这个"终"字，从字面上看，是命终，是死亡；但还有更深的含义在，"终"，是临终前咽下的最后一口气，发丧的讣文中，例有"亲视含殓"一语。这个"含"，才是终结。即先人咽下最后一口气，要将准备好的一颗明珠（或一块美玉，或一枚铜钱）放在死者的舌头上，让其含住。这是为了让父母（死者）临终前最后一口气从嘴里吐出来，子孙就有福了。如果最后一口气咽回了肚子，子孙就无福。子孙要"慎终"，就要亲自放进珠、玉，亲视含殓，谨慎地亲见父母临终一口气从嘴里吐出来，庇荫后代子孙。这就是含珠的来源。当然，皇家、贵族、富人含的是珠、玉，贫寒之家就只能含一枚铜钱，或者一丝红线吧。

什么是国学？世界上独一无二的中国之学。

国学在哪里？就在我们身边，就在我们还未注意到的地方。国学无处不在。

被误会的国学

“人定胜天”的“胜”，应解为“胜过”还是“胜任”？在“学而时习之”的语境中，“学”指“学习”还是“身教”？我们读古书，习古文，常不知正误，不懂别解，某些专家学者也不例外。

国学热，已在当代生活中悄悄兴起。许多地方都在开办国学班，让更多人了解传统文化，接续传统文化，这是国家兴旺发达的大好事啊。我们应该了解国学，了解祖宗留给我们的家底。一个忘记了祖宗，或者拒绝祖宗留给我们的许多家法、家教、家产的民族，一个遗忘了数千年优秀传统文化的民族，您能说它是先进、杰出的民族吗？

历史课，从小学就开设了，我们日常使用的语言、文字，至今还是几千年来老祖宗留给我们的。可是，我们读古书，习古文，用古语，不知正误，不懂别解，闹出许多错解误读的笑话，在某些专家学者那里，也并不鲜见。

姑且举数例吧。

《孟子》说“仁者无敌”，许多人解为仁者没有敌人，或者，仁者无人能胜，无敌于天下。这样解释，是望文生义的。这里的“敌”，指敌对。

无敌，没有敌对，也就是不对立、不作对。仁者爱人，仁者体谅人，仁者关怀人，仁者“民吾同胞，物吾与也”。物我无对，人我一体，他不会与任何人为敌作对，所以才说“仁者无敌”。仁者无敌，无敌对无对立，才是和谐，也正是人我一如、人我一体啊。仁者行的是天道，天人合一，这不是一脉相承吗？

与此相近的“人定胜天”的“胜”应作何解？老子《道德经》第33章“胜人者有力，自胜者强”，这句名言中的“胜”，又应作何解？我又联想到《易经》中乾卦象传的首句：“天行健，君子以自强不息，”这个“自强”如何解释呢？我为什么想到了这个“自强”，因为上述三者都有内在联系，都是可以相互印证的。先说人定胜天的“胜”，历来解释为“胜过”“战胜”“打败”。人可以战胜天，人可以胜过天，《辞源》（子集161页）中的解释就是：“人力可以战胜自然。”阿弥陀佛，这样的解释于事、于理都不符。天行有常，天行有道，你能改变天的运行吗？你能让冬天不来、春天不走、夏天不热、秋天不落叶吗？你有办法让地震不震、海啸不啸、泥石流不流、龙卷风不卷吗？《易经》中“天行健”与“地势坤”相对成文，“天行有常，不为尧存，不为桀亡”，不以人的意志为转移。这个“健”，是恒常、恒定，法尔如是，不是人力可以改变的。怎么能把“胜”解为“战胜”呢？

同样，“胜人者”“自胜者”的“胜”，也不是战胜、打败、胜过的含义。在上述三语中的“胜”，正解是胜任的胜，即，能够承担，能承受，能担负，能担当。这里的“胜”，绝不是去战胜天、战胜别人，或打败天、打败别人，更不是对抗天、对抗别人，或排斥天、排斥别人。自胜，更不可解为打败自己、对抗自己、排斥自己。人定胜天，是指人的决策，人的主观能动性，人的一切努力，能承担、担负天的运行给人类所带来的一切风霜、雨雪、干旱、洪涝、炎寒变化……**“胜人者有力”，是能够承受、担当他人加给自己的压力与困难的人，才是真正最有力量的。“自胜者强”，是能够担当自己加给自己的压力、自己给自己造成的困难的人，才称得上是强者，是真正的自强**。一个人能认识天行有常，顺应天行有常，勇于担当、勇于面对、勇于走出自我，不为自我所缚，才是真正的“君子以自强不息”。

国学研究家、东方崇德文化的创导者沈善增先生在他出版的《崇德说》新作中，对东方崇德文化与西方崇力文化有精辟的分析和论列。东方重传统，西方重开拓；东方重圣人，西方重英雄。圣人追求的是国泰民安，天下太平；英雄追求的是征服，是战胜别人，打败别人，赢得“承认”。赢得承认的就成了主人，而屈服的、不得不承认的就成了奴隶，这种“主奴关系辩证法”就成了西方崇力文化的历史哲学（历史源头）；而东方是崇德文化，崇尚的是德，“与天地合其德”，“天地之大德曰生”，体会天行健，效法天行健，顺应天行健，所以君子以自强不息，所以孔子一再提示自己五十知天行健，六十顺天行健，七十能从心所欲，不会逾越天行有道之道、天行有常之常了。德在哪里？德在自心，德在自我，德在自强不息。与“仁者无敌”，与“自胜者强”不是一脉相通、一宗永继吗？

《论语》开篇第一句“学而时习之”，我们通常解释为，“学”就是学习，或者是指读书。一般来说，这样理解很难说错。然而，中国的文字，常含多义，甚至含有相对应的两义，奥妙无穷，很不简单。在“学而时习之”这个语境中，学，恰恰不是学习的“学”。先说一则《论语》中的故事吧。

《子罕篇》云："达巷党人曰：'大哉孔子，博学而无所成名。'子闻之，谓门弟子曰：'吾何执？执御乎？执射乎？吾执御矣。'"有一个住在达巷的人说："孔子很伟大啊，可惜他虽然很博学，但没有专才，不能使他足以成名。"孔子听到了这句话，对门下弟子们说："我的专才是什么呢？是专于驾车？还是专于射箭？我的专才只是驾驭马车吧。"

这则故事很有趣，也很重要。达巷党人承认孔子博学，赞叹孔子伟大，但是，又认为他没有专才，不能使他树立名声，为他惋惜。孔子的回答，恰恰说明自己是有专才的。是专于驾驭马车呢，还是专于射箭呢？他选择了"执御"。这不是说他很谦虚，或者射与御太过普通，太过低贱。礼乐射御书数，古称六艺，射与御，是六艺中的二艺，这二艺，尤重身教，不靠言教而得，所以，自古身教重于言教。

"学"这个字的字义，汉代的班固（32—92年）和许慎（58—147年）都有最精到的解释。班固《白虎通义》解"学"是"觉"，是理解和觉知。许慎《说文解字》解"学"为效，即仿效。这个效的解释很独到，因为古代还有一个"斅"（xiào）字，正是"学"的本义。斅即是教。教，指言教；斅，指身教。所以，"学"的本义中，有"斅"义在。孔子强调自己"执御乎？执射乎？吾执御矣"，正是强调自己重视身教，我的专才是在身教（执御）啊。所以，"学而时习之"正是"斅而时习之"，亦即在教人的同时，再复习以往的功课、以往的技能，那是多么喜悦的事啊。古代有"学而优则仕，仕而优则学"的传统，这个"学"恰恰正是教，指教人教得好（优）才能去做官，官做得好才能去教人。

"学而时习之"中的"而"，也要研究一下。"而"，可做代词、助词，也可做连接词。很多人不知道在古籍中，“而”还作“能”字解。《战国策》中“而解此环不”即是“能解此环否”。《楚辞·九章·惜往日》中“不逢汤武与桓缪兮，世孰而知之”，这里的“而”字都作“能”字解。所以，“学而时习之”的“而”，也应作“能”解，“在教人的同时又能复习以往的知识与技能，那多么喜悦啊。”这就更顺理成章了。

中国古代，请别人代笔写字、写信、写文章，称为“捉刀”。那位代笔者，就称为“捉刀人”。这是从曹操的一则故事来的。

《世说新语·容止》篇中，记载了这则故事：

魏武将见匈奴使，自以形陋，不足雄远国，使崔季珪代，帝自捉刀立床头。既毕，令间谍问曰：魏王何如？匈奴使答曰：魏王雅望非常，然床头捉刀人，此乃英雄也。

魏武帝，是后来对曹操的称谓。这则故事，应是曹操在担任汉献帝丞相一职时发生的事了。匈奴派使者来，丞相当然要接见，曹丞相自觉形貌不够魁梧吧，就派他的下属崔琰（季珪）代做丞相，接见来使。而曹操本人作为侍卫，手执刀戟，立在崔琰的座位后。仪式完毕，匈奴使回到宾馆，曹操派人来问：你看我们丞相怎么样啊？对方说：丞相自有雅望，而立在座位后面那位捉刀人，才是真英雄啊。

这则故事，成了历史美谈，也成了“捉刀”“床头捉刀人”等词的来源。这里的“床”，显然不是今天所指卧室中睡觉的床。古代的床，指坐席、座位。古代称睡觉的床为榻，又叫卧榻。史载：宋开宝八年，宋军南下围金陵，南唐主李煜派徐铉入朝，请缓兵。宋太祖（赵匡胤）对他说：“不须多言，江南有何罪？但天下一家，卧榻之侧，岂容他人鼾睡？”这个“卧榻之侧，岂容鼾睡”后来就成了一句成语。

睡眠的床称为“榻”，传到日本，被保留下来，就叫“榻榻米”。其实，床，指座位，指坐席，在佛教中也保留下来了，寺院中禅堂里打坐的席位，至今还称“禅床”。在《孔雀东南飞》这首古诗中“堂上启阿母”，是儿子登上厅堂，为妻子向母亲说情。结果，“阿母得闻之，槌床便大怒，小子无所畏，何敢助妇语！”母亲对儿子发火了，槌床大怒。这里的“槌床”，当然不是睡觉的床，而是坐席。

不过在古代，“床”亦指井周边的围栏、栏杆。李白那首著名的《静夜思》：“床前明月光，疑是地上霜。举头望明月，低头思故乡。”这里的“床”当然不是指房间内睡觉的床，而是户外井畔栏杆了。这井畔的一片明月光，与“地上霜”才能相映照、相衔接。

在我们的日常用语中，有一成语“载歌载舞”。与此类似，陶渊明《归去来兮辞》中“乃瞻衡宇（望到了自己的房子，自己的故居），载欣载奔”，《诗经·卫风·氓》中：“乘彼垝垣，以望复关。不见复关，泣涕涟涟。既见复关，载笑载言。”一个“载歌载舞”，一个“载欣载奔”，一个“载笑载言”。这里的“载”，如何解释呢？很多人解为“又”，即又歌又舞，又喜又奔，又笑又说。“载”如何解为“又”？道理说不出。当然，这是想当然的误解。

古文字中，双声迭韵的字，有时互通互借。“载”“则”双声。载应解为则，则可解为就，因此，载在这里是连词“就”。热烈喜庆的场面，大家兴高采烈，就歌就舞呀。陶渊明不为五斗米折腰，挂冠而去。去哪里？回来了，回家了（顺便说一下《归去来兮辞》中的“来”，应读“离”，来与离也是双声。这个“来”，正是“离”义）。“归去来兮，田园将芜，胡不归？”归去了，离去了，故乡的田园已荒芜，我为什么还不回去呢？“载欣载奔”，马上望到了自己的旧居，就欣喜就加快步伐了。《氓》中的女主人公，登上墙头，瞭望远处的关卡，看她的男人回来没有。望不到他回经关卡，以为他负约不来了，伤心地痛哭，泪下涟涟。望到了他复关，望着那个他，经过关卡回来了，就有笑就有说啊。“载”作“就”解，文气也通畅了。

还有一个日常生活中的常用语：垃圾。现在习惯了，大家都读“拉基”，可能变成约定俗成了吧。有些字典，竟然注音也是lājī，其实粤语中的读音才是对的，应该是lèsè（勒涩）。这是因为粤语中保存了大量的古音。

兰州市佛教协会办了一份《佛学文摘》月刊，甚受读者欢迎。2005年第12期第24页刊载了一篇《朱子治家格言》，作者署名“朱熹”。文末载：摘自《圣言善语》。我弄不清是编者疏忽，署上“朱熹”之名，还是被摘录的那本《圣言善语》原本就弄错了。

这篇脍炙人口的治家格言，我上小学四年级时就已能背诵了。虽然七十多年过去了，至今依稀犹能背诵。原作名《朱柏庐治家格言》，也简称《朱子家训》。子，在古代是对男子的尊称。南宋的朱熹（1130—1200年）可以叫“朱子”，明末的朱柏庐（1617—1688年）也可以叫“朱子”，但此朱子不是彼朱子。朱柏庐是明末江苏昆山人，名用纯，字致一，自号柏庐。他是明末生员，入清后隐居不仕。康熙年间，有人推荐他参加“博学鸿词科”考试，他固辞乃免，可见他的民族气节。他所著这篇治家格言流传甚广，有清以至民国初年，凡读书人几乎都是必读的。朱熹是今江西婺源人，南宋著名理学家，与朱柏庐相距四百多年。朱柏庐的治家格言，怎么能署名作者是朱熹呢？这样的讹误，说明了什么？

据说，韩国人到中国跑了一趟，回国后，写了一篇文章发表出来，题名《令人心寒的中国人的汉语功底》，想到韩国人的这一感喟，我也想说一声：令人心寒的我们的历史常识的功底！

三人行，必有我师

“三人行”的“行”，不是行走，而是行道，追求的是道，是道的实践躬行，时时不离道。

佛教强调“行”，同孔子强调“行”正是同出一辙，同一义谛，同一精神主旨。

在中国人的口语中，常听到一句话“察其言而观其行”，这个“行”字怎么解？是行动、行为吗？不，或不仅仅是。在《论语·述而篇》中有云：

子曰：三人行，必有我师焉。择其善者而从之，其不善者而改之。

很多人，都把“三人行”的“行”解为走路、行走（这里的“三人”，也不是实指三个人，三是复数、多数，亦指众人）。其实，这里的“行”不是走路，不是行走，而是行道，追求的是道，是道的实践躬行，时时不离道。在众多行道者中，必有我可以尊敬的师长——有令我尊敬的师长之行啊，这才是“行”的本义。

我小时候读《论语》，老师就是这么教我的。察其言而观其行，观的也是道，观他是不是行道，是不是行在道中。我们还有一句古语“见贤思齐”，这个“齐”什么意思？很简单：想跟贤德之人齐肩而行、比肩而行，思齐就是行，行的依然是道。

孔子在《论语·学而篇》的另一章中说：

弟子入则孝，出则悌，谨而信，泛爱众，而亲仁，行有余力，则以学文。

这里的“行”，就点到正穴上来了。一个求学的人，回到家中，要行孝道。离开家门到了社会上，要行悌道（关爱他人），谨言信行（言而有信），像水那样浸润、爱护众人，亲近有仁行的人。行仁是前提，行仁即是行道，行仁行道，犹有余力，就应该用余力来学文。这样说，并不是不重视文，或贬低文，因为行仁、行道，才是学文的目的，学文正是为了行。这是强调行是根本，行是前提，离开了这个前提，学文又是为了什么呢？主题是明确的，前提也是明确的，正因为后来有些文人忽视了行，或者只是重文而不重行，所以就出现了一句流行语：文人无行。

在《论语·雍也篇》中，孔子说：

君子博学于文，约之以礼，亦可以弗畔矣夫。

这句话很重要，君子，是社会上层领导人士，是社会精英，他们固然要博学经义典籍之文，但不能忘记，还要以礼约束自身，这才可以不悖离为人之道。道与行，始终是第一义谛，第一性的。在《论语·学而篇》的另一章中，孔子说：“君子食无求饱，居无求安，敏于事而慎于言，就有道而正焉，可谓好学也已。”什么叫好学？好学的前提是什么？这里揭橥分明：君子求道不求食不求居。食不贪求口腹之欲，居不贪求安逸享乐，做事精审，言语谨慎，亲近有道的人，改正自己，端正自己，这才可以说是一个真正好学的人了。这个“好学”的标准、标志，依然在行、在道啊。

再证之以《论语》中其他篇章。《学而第一》“父在观其志，父没观其行（父亲活着，你看他的立志、志向；父亲死了，你就看他的行道，是不是在正道上）”；《里仁第四》“君子欲讷于言而敏于行（君子要迟钝于口头上的言语，而敏捷于行道）”；《公冶长第五》“道不行，乘桴浮于海（若不能行道，还不如乘船到海上去漂浮悠游呢）”；《述而篇第七》“子以四教，文行忠信（孔子的四门教育，一是文章，二是德行，三是忠诚，四是守信）”。这些都清楚地指明了“行”的真正含义是行道，行大道。所以《礼记·礼运·大同篇》才开宗明义地说“大道之行也，天下为公”，天下为公的大同盛世，就是能行大道的盛世。

近代教育家陶行知先生，原名陶知行，后来他改名为行知，为什么？就因为他体悟到了行是前提、是大道，行而后知。这是行道之行，无疑矣。

中国佛教，不是印度佛教。中国佛教是浸润于中国文化、植根于中国文化中的佛教，所以佛教中无不体现了这个重“行”的思想。你走进寺院，举目就见“诸恶莫作，众善奉行”的偈语。这个“行”不正是道吗？《六祖坛经》中，最响亮地指出“心平何劳持戒，行直何用修禅？”直截了当，行直，是直行大道，或者叫“善行，道行，般若行”，贯注此行，时时此行，修禅岂不就在其中了？《坛经》中还有一句说得更深刻：“迷人口念，智者心行。念念若行，是名真性。悟此法者，是般若法。修此行者，是般若行。不修即凡，一念修行，自身等佛。”这段经文说得明白、清晰、通透，突出地强调了“行”。不修即凡，一念修行，修好这个“行”，就自身等佛了，到了佛的境界了。佛教强调“行”，同孔子强调“行”正是同出一辙，同一义谛，同一精神主旨。

懂得了“学”与“行”的关系，懂得了“修”与“行”的关系，才真正懂得了国学。

留与不留，是一种选择

人和人不同，人的差异性，决定了行为的差异性。既然移民是对未来发展的一种选择，又是一种文化的选择、文化的认同。

中国富人的海外移民潮，据说一年甚于一年。有调查报告称，在未来三至五年内，移民外国的富人和专业人士，将超过 1000 万人；其中 98% 的人，首选西欧国家、美国、加拿大、澳大利亚、北欧国家等。

他们携妻挈子远渡重洋，奔赴异国他乡，所为何事？有人研究，移民出国定居的原因，大致上可归纳为以下五点：

一、选择环境稳定、可保障个人发展空间的国家或地区；

二、为了下一代的教育和成长；

三、为了寻找优越的经济条件和发展机遇；

四、对自己的财产安全有某种忧虑，早为之计；

五、目前个人或家庭、事业的发展不称心、不如意，希望变换环境，谋求新的发展机遇。

这些原因，都是可以理解的，它的认识作用或批判意义也一眼分明，无须再多说什么。但我认为，上述五个原因或未说的原因，只是现象，不是本质。我想从文化的角度来看待移民与出国定居的选择。

移民随缘

什么是文化？众说纷纭。因为，谁都在说“文化”，谁都在使用“文化”这个名相，但使用的含义、使用时的所指，却各不相同。近代的克罗伯（A. L. Kroeber）和克拉孔（Clyde Kluckhohn）两位人类学家，曾经探讨了一百六十多种解说“文化”的定义。最后，他们还是不得不总结道：“文化”只能是一套一系列的行为系统。也就是说，**一切文化，都是人的行为**；人的一切行为，以及一切人的行为，无不表现出文化的传统性、理念性和它们的价值系统。对这一总结，我认为是真正抓到了核心，即人的行为本质了。人的行为，既是文化的体现，也是文化的不同层次、形态，不同民族性、历史性与它们价值系统的反映。这与我常常讲到的一句大俗话“文化不在书本中，不在课室里，不在口头上，文化就在一个人的行为之中”正相一致。

移民，是人的行为。移居国外、移风易俗、移宫换羽、移花接木、孟母三迁，既是一种价值选择，也是一种文化认同。从价值认同、文化认同到同气相投、莺迁乔木、好中求好，这才是移民思想潮流中最本质的东西。

人和人不同，人的差异性，决定了行为的差异性。既然移民是对未来发展的一种选择，又是一种文化的选择、文化的认同，那么，有迁居到西方去的中国人，也有从西方、从他方迁居到中国来的白人、黑人、棕种人。大家都有各自的喜爱，也都有各自的选择。佛家讲“缘”，这个缘，真的不可思议。想走与不想走，能走与不能走，移成与未移成，移去了还有想回来的，这都是各自的“缘”。看到这个“缘”，认知这个“缘”，我们才能懂得随缘、惜缘、爱护自己的缘。

“诸法因缘生，缘谢法还灭。”认知因缘，所以，我对富人移民，没有负面的看法。能允许富人移民，实现富人移民，这是历史的进步，时代的必然。凡对此发出惊异、惊叹与惊呼的人，我想，是对人心思变、人心会变、人心善变缺少认知，也缺少敬畏。对民心常存敬畏心、常存戒惧心的人，是圣贤啊——西方人叫先知，我们古代叫圣人。所以，柳宗元在他的文章中一再呼吁“观民风者得焉”。得到什么？不是去看富人的去从，去看他们的搬迁，要看的是整个社会经济成果的分配，社会经济成长的共享，要对社会上更多弱势个体或群体关怀，要帮助大学生（年轻人）创造更多的就业机会，真正做到扩大内需，这才是我们应当思考、应当关注的大局啊。以人为本，“本”就在这里。

移民仍是文化中国人

移民，并非始于今日。华侨，大概一百五十年或两百多年前，就一批批从中国跨海越洋，走向世界各地了。当我应邀去日本、去澳大利亚时，遇到那么多上海老乡；当我应邀到菲律宾、马来群岛时，遇到那么多福建老乡；到泰国、到星岛时，又遇到那么多广东潮州老乡；而到了法国巴黎，遇到那么多浙江温州老乡；到意大利、奥地利，又遇到那么多浙江青田老乡……我的惊喜，执笔难书。我不仅从他们身上看到了华人在国外艰苦创业的历史，还看到了海外华人代代相传的中华民族优秀的民族性、历史性。因而，我为他们自豪，为他们今日的发展与成就，而分享到作为一个中国人的自豪和光荣。出于身临其境的感受，与目睹一切后切身的体悟，我才在法国巴黎做了一场《国学与文化中国人》的专题讲座。

中国人移民他国，可能国籍放弃了，但他的文化传统、文化习俗、民族意识，或者借用弗洛伊德学派（实际上是荣格）的话来说，集体无意识，是不会放弃，也是无法放弃的。所以我讲的文化中国人，不是谈的国籍，而是中国悠久的民族文化、传统文化，在他们身上，甚至是第三代、第四代华裔的身上，我依然能感受到它们是那样真实地、浓郁地、本色地被保存了下来。这是我很感动的，感谢他们把东方的中华文化传播到了西方，传播到世界的许多角落，他们依然是一颗爱国心，一颗中国心。难怪在中国革命史上，在中国近代史上，许多华侨都对自己的祖国做出了不可磨灭的贡献。从这个意义上说，富人移民国外，没有什么可怕、可忧、可虑的，他们不是输出暴力的、血腥的、恐怖的东西，他们输出的是文化，他们带去的还是中国人的民族性、传统性的文化基因，在异国他乡，在天之涯海之角，他们仍然会展现一个文化中国人的英姿丰采。

这个“文化中国人”，才是真正的中国人。移民，是时空的跨越，从这个世界，跨越到那个世界；从这个“实际”出发，又转换到面对另一个“实际”（世界、实际，这都是佛教用语，是佛经翻译给汉语带来的外来语）。跨越是简单的，能实现跨越、完成跨越，并且落地生根，才真的不简单。

风生水起，水流成潮。水可以挡，可以拦，潮就挡不住、拦不住了。历史潮流、时代潮流、社会潮流，有挡住、拦住的吗？不但不好挡，卷进那潮流，有谁能脱身呢？我在海外看到，每一个移民都有一个生动的故事。在澳大利亚，我听一个华侨诉说他从越南移居而来的故事，听得心酸，泪下点点。是呀，不同的移民，都必然有他不同的故事。那是一股流，思想流，生命流。在这股潮流中，那么多故事，那么多主人翁，漂洋而去，从历史的高度看，那也只是一群过客。羡宇宙之无穷，渺沧海之一粟。辛弃疾还要洒脱："青山遮不住，毕竟东流去。江晚正愁余，山深闻鹧鸪。"鹧鸪的唤声，您听到过吗？有人说，它喊的是"留不得也哥哥，留不得也哥哥"。那是叫你前进、精进，莫停留，莫倒退。还有人说，它喊的是"行不得也哥哥，行不得也哥哥"，那是叫你别忘了故土，别忘了家园。

著名诗人闻一多先生曾有两句诗："人到中年两不堪，生不容易死不甘。"他有悲痛，但也是他那个时代的激愤之言。其实，任何时空的跨越，恐怕都是生命的跨越，亦即生与死的跨越，所以一幕幕演成多少可歌可泣的故事……

他们没有离开人生轨道，只是换了一种生存方式。

他们看似做出选择，其实他们也是别无选择。

中国文化，绝不仅仅是内陆文化、平原文化、禁锢在土地上的农耕文化，中国文化中也有海洋文化，也有走出闭关自守，勇于走向竞争和开放的文化基因。中国自古以来，在社会生活中，活动半径最大的就是商人，今天移民的富人中，可能商人占了更大的比例，我不担心他们移居国外、移居新的域外环境，会有不服水土的病征或病情。当然，话不能说绝，"金无足赤，人无完人"，真有先天不足，后天未补，正如我国古代寓言中说的那只鸱鸠搬家的故事那样——又该如何呢？

从前有个村子住着一只猫头鹰，它从这个窝挪到那个窝，可是挪到哪个地方都不受人们欢迎。它于是竭尽全力向西方飞了三天三夜，才停下来休息。一只斑鸠很是奇怪，问它："你累成这个样子，是要去哪里呢？"猫头鹰说："这里的人都讨厌我，说我的声音难听，这一次我下决心搬到遥远的西边去，越远越好！"斑鸠说："搬家就能解决问题吗？依我看，不管你搬到哪里去，都是一样的结果。"猫头鹰问："那为什么呢？离开他们还不成吗？"斑鸠说："如果你不能改变那难听的声音，即使搬到最远的西边去，也同样不会受西边人的欢迎。"

是，迁不重要，重要的是改变自己。这则故事，对某些人来说，也许有借鉴的意义。

移民，不是人生终极的选择。

选择，往往是二择其一。

中美两国学生的选择，反映了他们价值取向的差异。仁者可以见仁，智者可以见智，当然这也足以引发我们更多的思考了。

无独有偶。这几天我在读武汉大学麻天祥教授新出版的一本随笔集时，读到了他引述的马克·吐温的一则寓言——《生命的五种恩赐》：

在生命的早晨，仙女挎着篮子走来说："这里有生命的五种恩赐，它们是欢乐、名望、财富、爱情和死亡，请做出你的选择，因为只有一样是宝贵的。"少年选择了欢乐，然而，每一次欢乐都转瞬即逝，令人失望。当少年日渐成年，又分别选择了爱情、名望和财富。然而，每一次选择，都让仙女感到失望：他从爱情中每获得一个小时的幸福，随之而来的是一千个小时的伤感；财富使他变得贪婪、吝啬、疯狂，乃至罪恶；名望使他声名卓著，但他又变得骄横、狂妄，最终声名狼藉，遭人鄙弃和怜悯。最后，当日薄西山时，他只能选择“死亡”（与寓言原结尾有差异）。

对于这则寓言，麻天祥教授总结说，马克·吐温的意思是要告诉人们，离开了对生命终极的追求，任何对物质、财富、名望这种种身外之物的索取，都是有限的、不能恒久的、缺乏意义的。他的结论是：哲学上的不确定性（人生的不可预测性），导致了人生价值的错构。可见，人生的最大悲哀，不是与欢乐、爱情、名望、财富以及生存相对立的痛苦、失恋、无闻、贫穷和死亡，而是由于生死的盲目性所滋生的愚昧和虚妄。

这样的思考，真的已进入佛家所谓的出离生死、了脱生死的更高境界了。这的确是任何人都不能不做出的选择：**走出人生的盲目性和认知的愚昧——只有智慧，只有对生命于的自觉**。

移民，是一种选择，但不是人生终极的选择。人生，是一段未知的旅程，你知道你的明天在哪里？移民之后，必然还会面对更多的选择，这是每一个“移”或“不移”的人都无法回避的。

无法回避什么？只要是人，就有人自身的问题。人必须回答自身的问题，人也必须学会自己保护自己，这就是人类自身的文化课题、人文课题了。你只要了解一下苏格拉底的选择，了解一下老子、孔子的选择，了解一下佛陀的选择，你就明白了。

爱者，惜也

爱的本义、最初义，是惜。爱惜、珍惜、怜惜，这才是爱的真实义。

一位正在写专栏的学者朋友，来信对我说：“想起来，我们身边为情所困的人太多了。师父有许多关于爱情的开示，如果有机会结集出书，我一定要买一些送给朋友。”他的这席话，也引发了我的一些思考。在我的《素往来》与《心的大学》这两本书中，都记下了我与香港李慧玲小姐的一些对话，其中就有她对“爱情”的一些提问。那些即兴的回答，都是我的一己之见，说不上开示。据说读者对那一部分（也包括《快乐人生》一书中提到有关爱情的论述）反应热烈，既引起了共鸣，又引起了研讨与议论。这是我始料未及的。

中华文化、华夏文化，或直截了当说中国文化，是世界上最古老、最优秀、最有精神内涵的心灵智慧。这是世界上其他任何民族的文化都难以比肩的。什么是“爱”？看看我们中国文化中是怎么解释的：

爱者，惜也。

爱的本义、最初义，是惜。爱惜、珍惜、怜惜，这才是爱的真实义。请看我们古人对爱的理解，多么准确，多么深刻，多么智慧：

《大戴礼记·曾子立事》“君子爱日以学，及时以行”，这个“爱日”，就是惜时。要抓紧时间学习，抓紧时间努力行道、实践。

爱屋及乌，说的是惜其屋，连屋顶上的鸟也要爱惜。

爱莫能助，说的是我想帮助你，但惜乎无能为力。

杜甫诗《奉送严公入朝十韵》“公若登台辅，临危莫爱身”，这个“莫爱身”，正是“莫惜身”。他是勉励他的朋友严武上调朝廷登上台辅之后，要为民为国，不要贪生怕死，苟全性命。

《论语·学而篇》“子曰：弟子入则孝，出则悌，谨而信，泛爱众，而亲仁，行有余力，则以学文”，这里的“泛爱众”，正是孔子要求他的弟子顾惜大众、顾惜群众、顾惜众生，那就是亲仁了。

以“惜”解释“爱”，才是大爱，真正的爱。

在中国传统文化中，“爱”还有第二义，即蔽义，有隐藏、掩蔽、遮蔽的含义。以“蔽”解释“爱”，也很精彩。

《礼记·礼运》篇“故天不爱其道，地不爱其实，人不爱其情”，这里的“爱”，就正是隐蔽之义。天不会隐蔽它的道，地不会隐蔽它的实，人不会掩蔽他的情。

《诗经·邶风·静女》“静女其姝，俟我于城隅。爱而不见，搔首踟蹰”。那个宁静美好的女孩子，约了我在城上的角楼相会，可是她隐藏起来了，见不着她，我只好焦急地搔头犹豫，不知该怎么办才好。这个“爱”，正是“掩藏、隐蔽”的意思。这个掩藏、隐蔽是多么深的爱，多么懂得“爱”的“爱”啊。没有悟性的人，对这个“掩藏、隐蔽”，根本不懂、不解，永远在爱的门外。

不过，爱，还有第三义，即古书中，多作“哀”。如“子墨子甚哀之”。这个“哀”，就是怜惜、怜爱。《吕氏春秋·慎大览·报更》篇亦云“人主胡可以不务哀士？”说明作为一国之君、一国之主，怎么可以不去怜爱自己的人民百姓呢？

《史记·淮阴侯列传》中，记漂母赠饭给饥饿的韩信，韩信说：“我将来一定要重重报答您。”漂母生气地说：“大丈夫不能自己养活自己，我是怜惜你而送饭给你，难道是希望你报答吗？”

以“哀”来表示“爱”，这是又一深沉的含义，当然也是惜的更深层次、更高境界的表达。

话说回来，古人理解“爱”、解释“爱”，是惜，这是一种心灵的智慧、生命的智慧。在我们的成语中，还有两则不能不提到：一是惜墨如金。这是对艺术的爱，不轻施笔墨，这也是对艺术的深层领悟啊。二是惺惺相惜。惺，是一种清醒，一种心灵的领悟。惺惺相惜，正是由心灵的领悟而达至相互关怀，这是一种精神境界中清醒的关爱。

爱是什么？是珍惜，是隐藏，是悲悯哀怜。这样的“爱”，不是言语所能表达的。这也使我忽然想到了卡尔·马克思。他在写给他女儿小燕妮和劳拉的信中，一再告诫他的女儿：一个女孩子的美，是含蓄美、羞涩美。马克思所说的“含蓄、羞涩”，不正是珍惜、掩藏、哀怜的同义语吗？

回到我们这个全球市场一体化的现实中来，当今社会上、家庭中，还有视频以及种种传播媒体与影视作品中，那些“谈情说爱”，夫妻间、恋人间的恩爱情仇、勾心斗角、动刀动粗、死去活来，那能够称之为“爱”

吗？你去问问那些沉浸于爱河欲海中的主人公，他们懂得什么是“爱”吗？一个人，生活得都不清醒了，他还有什么“爱”可言？

中国传统文化是智慧的心灵、心灵的智慧。请研究一下、重温一下我们古人对“爱”的三个定义吧，您一定会得到许多宝贵的启发。

“五路财神”

真正的价值不在利，而在义。这样的价值观，是中国的优秀文化传统，这才是中国人真正的文化。

懂得积德积福，才是积财的根本之道。德和福，是财的基础。

文财神刘海蟾以财生财，以金生金，可谓古代金融运作的典范。武财神赵公明统管招宝、纳珍、招财、利市四名小财神。

神，是我们的常用语，说“神”，没有什么可怕的。“这个人，神了”，说的还是人，不是说的神，只不过赞颂他的神奇、神乎其神罢了。所以，《易经·系辞》中说“阴阳不测之谓神”。注云：“神也者，变化之极，妙万物而为言，不可以形诘者也。”神就是变化，万物可用言去说明它，而无法言说的那一部分，就是“神”。比如，物质是可见的、有形有状的，精神，可见吗？南朝（梁）江淹（江文通）有一首著名的《别赋》：“造分手而衔涕，感寂寞而伤神。”惜别，是生活中的常态。难分难别，流泪了，感到寂寞又伤神，这个神伤、伤神，就是不可言说的一种精神体验了。精神是神，神情是神，神色是神，鬼斧神工也是神，文章、绘画、音乐、舞蹈、雕塑很传神，传的还是“神”。

神有什么可怕，有什么不可说的呢？财神，更是我们的口头语、常用语了。

求财求富，古已有之。拜财神，求财神，正月初五祭财神，已成为我国数千年来的民间风俗与传统。财神，即财宝利市之神。财宝，是大家都知晓的。利市有三解：利润、吉利、喜钱。如此说来，这个“财神”，同我们的社会生活还是很有关系的，弄清楚也有好处。

在中国传统中，有五路财神之说。认识一下“五路财神”，对我们也很有用处。我写出来，愿与大家分享。

“生财神”白圭：和气生财

白圭，战国时周人。他在魏国经营，一方面“务尽地力”，提高产量；另一方面，“乐观时变”“人弃我取，人取我与”。这是非常灵活的经营之道。粮食丰收的年份，他用丝、漆换谷物；到蚕结茧、青黄不接的时候，他又用粮食去换丝帛。灾害之年卖出，丰收之年购进，这就叫应时、随时，与时俱变。应时而变，当然不断地生利增利。再加上他“能薄饮食，忍嗜欲，节衣服，与用事僮仆同苦乐”，被当时天下人称为“治生祖”。我想，这是我们最会过日子的老祖宗了。

我们可以从白圭身上总结出以下几条来：

一、适应客观形势，不单一经营，随时而变，应时而变。这是最大发挥了人的主观能动性。

二、不与人争，人弃我取（成本很低，资源很足，远离争斗，得来方便），人取我与（避开争夺，避开利益冲突，减少了敌对者），和也合也。**和合，是合作共赢的上乘之道**。

三、节省、俭朴，不浪费、不纵欲，珍惜资源，这是一个人最宝贵的素质优势。

四、一个领导人能与他的员工（用事僮仆）同甘共苦，苦乐与共，这就是凝聚力。平等待人，人心所归。得人心者得天下。这已把以人为本上升到以心为本，把人的管理上升到心的管理了，这是最了不起的管理科学。这一部分西方管理科学中是近年才提出来的呢。

五、一个企业家要会治生。治生，即善谋生计，这是经营事业的能力，这是生财之道的根本。

生财，财生在哪里？生在他的经营理念，生在他能要求自己。一个能要求自己的人，是最有出息的人。白圭成为生财神是实至名归啊。这样的经营理念，还不值得我们学习吗？财从哪里生？和谐生财。

“积财神”范蠡：福德积财

范蠡是春秋末期越国的大夫，他与文种一起帮助越王勾践复国雪耻以后，说：“文种的计策有七条，越国只用了五条就成功了。既然已经报效了国家，那我就离开那些功名利禄，振兴自己的家业吧。”于是乘一叶扁舟，浮于江湖，来到齐国。他改名为鸱夷子皮，带领家人在海边结庐而居，努力垦荒耕作，兼营副业，并且经商。没几年，就积累了数十万家财。齐王拜他为相，他感叹说：“做官能做到卿相，治家能积累千金，对一个白手起家的人来说，这已到顶了。久受尊名，不是好事。”不久，他再次急流勇退，向齐王归还了相印，把家财分给知交和乡亲，来到宋国的陶城（今山东菏泽定陶），陶城本是尧舜时古都，范蠡“以为此天下之中，交易有无之路通，为生可以致富矣”，于是自称陶朱公，在这里从事农业、畜牧业、商贸，不多久，又家产巨万。范蠡在 19 年之中，三次将千金家产分赠给贫穷的朋友和远方亲戚，从此以后，“陶朱公”

成为对好施又好行德的富人的尊称。

这里，我想值得我们总结的是：

一、人要养德、培德，首先不贪名、不贪功。文种功成未退，终为勾践赐剑自尽。范蠡淡薄名利，主动浮海而去。这种主动放弃名利追求之举，是一种高尚的人品识见与道德情操，一般人很难做到，能做到的人，就是在养德、存德、保德、培德。要知道，名高福消，利之所在，祸亦随之。主动放弃名利，保福积福，是为远见。这是范蠡最可贵之处，也是他的智慧。

二、范蠡来到海边，改名换姓，重新开始新的生活。结庐而居，多种经营，亦农亦商，自力更生，又创奇迹，这是人自强不息的开创精神的体现。齐王发现了，拜其为“CEO（首席执行官）”，做到宰相，他认为“久受尊名，不是好事”，再次放弃而急流勇退，不但归还相印，而且连家财家产也分给知交和父老乡亲，这种洒脱和不贪、不执，有几人能做到？放弃的是虚名，是浮财，得到的是福德，这一点，一般人很难体会，体会到了，就是悟性了。人到了悟性的层次，还不成佛吗？我看范蠡就是菩萨。因为他是菩萨行，行的是菩萨道。

三、放弃宰相之位，来到陶城，第三次创业，再次改名，自称陶朱公。这一次陶朱事业，比前一次更大。农业、畜牧业、商贸，综合经营，配套生产，在那个年代，他真的几乎达到上规模、讲利益最大化了。这种苦干实干精神和超前意识，两千四百多年前就已在范蠡身上体现出来了，令人惊叹。家财万贯，但是，他依然不贪、不执，19年之中，三次将千金家产分赠给贫穷的朋友和远方亲戚，把自己的财富变为他人的财富，把自己的利益变为他人的利益，让社会利益最大化。这是真正的富人。富在哪里？富在不贪、无求。钱是要挣的，挣到了给别人，这就是德和福，所以范蠡成了积财神，积的是德和福。德薄福浅，财从何来？**懂得积德积福，才是积财的根本之道。德和福，是财的基础。**

“广财神”弦高：仁义广财

弦高，是古代爱国商人（我在读小学三年级的时候，就从语文课本中读到他的故事了）。他是春秋时期郑国的商人，主业是贩牛。牛是古代农业生产中的重要资源。有一天，他贩了一群牛到周朝的京城里去。在路上，遇到了前去偷袭郑国的秦军。有人要打自己的祖国了，而且是暗中偷袭。听到这个消息，他一边赶紧派身边的人回国报信，一边又要想办法挡住秦军。他挑选出 12 头牛，谎称是郑穆公的使者，是郑国派他来“犒师”的，换成今天的语言，就是“慰劳”，慰劳远道而来的军队。秦国的将领以为郑国已经得到情报，已做好充分准备了，不能实现偷袭的计划了，于是掉转头来，灭了顺路的滑城，收兵回秦国去了。因为弦高的救国之举，郑国避免了一场战争灾难和一次亡国的危机，郑穆公当然要感谢和重奖弦高。弦高推辞说：我不能受奖。因为我说了谎，我是路过的商人，我却谎称自己是郑国派来的使者。如果我因撒谎而得奖赏，那么郑国的信誉就受到损害了。一个国家不讲信誉的话，社会风气就败坏了，如果因为奖赏我，而败坏了国家和社会的风气，这样的事，仁者是不能做的。以不讲诚信、不守信用而得到丰厚的奖赏，义者是不能做的。仁和义，是人的立身之本，我不能不顾仁义，接受这个奖赏啊。他带着他的眷属，搬迁到东夷（今天山东的海滨一带）去了，一辈子再没有回来。

我想，我们从弦高的身上也可以总结出几条来。

一、我在各地讲课，讲商人的十大美德时，讲到这些美德，从我国古代就有悠久的历史传统。从孔子的学生子贡到陶朱公，从弦高到卜式输财救国，都是商人中名垂青史的典范。弦高有功于国，却不肯受赏，他想的不是自己，是国家。不能因为受赏而损害国家的信誉度，治国无信是伤风败俗，这就危害了社会。他由国家又想到了社会影响、社会形象，这是真正的爱国主义者，归根结底，他是国家、民族、社会利益的维护者。这不正是“先天下之忧而忧”的胸怀吗?

二、弦高推崇的是仁义，把仁义放在心上、体现在行动上，说到做到，这是一种情操。**情操，是风格、风度、气质**。这是装不来、做作不来的。他既然不接受赏赐，也就违背了君命，但他有自己的人格尊严，他婉言谢绝之后也离开郑国，东去夷地了。一去就终生不返，更见他的自信和心高志远。

三、重义不重利，这是一种价值认知。**真正的价值不在利，而在义。这样的价值观，是中国的优秀文化传统，这才是中国人真正的文化**。这一点在弦高身上表现得最为突出，也最为可贵。所以，他是“广财神”。

白圭、范蠡、弦高，分别被中国民间尊奉为生财神、积财神和广财神，是有极深的意旨意涵的。白圭靠的是素质，素质能生财；范蠡靠的是悟性，悟性即是智慧，智慧能积福；弦高靠的是道德情操。情操是品性，品性坚持的是仁义，仁义使之能广财。三路财神，各有千秋。

另两路——“文财神”刘海蟾和“武财神”赵公明，限于篇幅，只能简略介绍一下了。

“文财神”刘海蟾，是五代时燕山人（今北京市宛平），一说为后梁燕地广陵人（今河南息县），他在五代仕于燕主刘守光为相。传说有一日，有一道人拜谒，自称正阳子，向其索得金钱、鸡蛋各十枚，在桌上间隔高叠。海蟾惊叹：“危哉！”道人曰：“相公生命俱危更甚！”海蟾因此大悟。翌日，辞官寻道而去，遇到吕洞宾，得授清净无为、养性修命诸法，至南宋时，刘海蟾与钟离汉、吕洞宾、张伯端四人被称为“道教南宋始祖”。他原名刘海，道号海蟾子，连起来，就叫刘海蟾。后来，又演变为刘海戏金蟾。金蟾以金为食，刘海为了捉住金蟾，用一串金钱为诱饵，以钓金蟾。于是民间就出现了“刘海戏金蟾，步步钓金钱”的名言。这就是刘海蟾成为“文财神”的来源。

“姜太公钓鱼，愿者上钩”，金钱可钓，财富可钓，当然，钓有钓的方法，钓有钓的原理。刘海蟾以金为诱饵，也就是以财生财、以金生金，这可谓我国古代的金融运作、金融系统了。所以，他成了“文财神”。

“武财神”赵公明，本名朗，字公明，又称赵玄坛。玄坛本指道教的斋坛，也有护法的含义。在《封神演义》一书中，姜子牙并没有封赵公明为财神，只封赵公明为“金龙如意正一龙虎玄坛真君”，简称“玄坛真君”。可是，由他统率“招宝天尊萧升”“纳珍天尊曹宝”“招财使者陈九公”“利市仙宫姚少司”这四位神仙，专司迎祥纳福、商贾买卖百业。这样，赵公元帅统管四名与一切金银财富有关的小财神，他们分别是招宝、纳珍、招财、利市，因而赵公明就成了大财神。因为他是道教的玄坛真君，塑像是黑面浓须，骑黑虎，一手执银鞭，一手持元宝，全副戎装。这一身扮相的他，理所当然就成了“武财神”。民间尊称他为赵公元帅。这就是“武财神”的来源。

“武财神”给我们的启示是：招宝、纳珍、招财、利市这四项，可不单纯是金钱货币。什么是宝？什么是珍？人才就是宝，艺术品就是珍，一切资源都是财，利市是喜。我国古代有福禄寿禧财之说，可见，这位武财神是把“五福临门”都概括进来了。他可是一位真正懂得财富学说与财富理论的财神爷。

“下棋找高手，弄斧到班门”

想获取大善知识，勇攀科学高峰，尤其不可少了“下棋找高手，弄斧到班门”的勇气。

我最喜欢的一副对联是：

下棋找高手
弄斧到班门

为什么喜欢？当然有原因。先说一个故事：

明朝有个文人梅之涣，一天，他去为唐代大诗人李白扫墓。忽见李白墓前留下了许多游人的题诗，不觉大愤，于是挥毫题下一绝：

采石江边一抔土，
李白才名高千古。
来的去的写两行，
鲁班门前弄大斧。

这首绝句的水平如何姑置不论，但它讽刺那些在李白墓前题诗的人不自量力，那种气愤、嘲弄、揶揄之意，却十分明显。实际上，“班门弄斧”除了有自谦之义，也成了梅之涣之流套给别人的一顶帽子。我读了上面那一段出自明朝杨循吉撰《蓬轩别记》中的记载，不觉哑然失笑。如果到李白墓前题上一首诗，就被冠以“班门弄斧”的恶名，那么，被梅之涣誉为“才高千古”的李白，他孤身一人，来到人才荟萃的长安，面对那些庙堂之上的峨冠博带、王侯将相，自称有长风破浪之志，胸怀“使寰区大定，海县清一”之计，这算不算是青年李白在那儿班门弄斧呢？按照梅之涣的逻辑，面对“班门弄斧”的揶揄嘲弄，这位渴望“输肝剖胆效英才”的李白，不是“天夺壮士心，长吁别吴京”，便是“平生不下泪，于此泣无穷”了。

好，别泄气。“下棋找高手，弄斧到班门”这副对联，理直气壮地给有志有胆的小人物撑了腰，毫无忸怩之态，也用不着战战兢兢，要充满朝气，长人志气，才能给人勇气。老一辈革命家陈毅元帅说过：“人就是应该有顽强表现自己的精神。”找高手，到班门，既是表现自己才华的机会，也是一种顽强不屈的精神体现。“世有伯乐，而后有千里马”，若没有千里马的昂首长嘶，纵使慧眼独具的伯乐，怕也难遇难识吧？那位貌不惊人的毛遂，正因为敢于在三千贤士中“班门弄斧”，自荐使楚，才能脱颖而出，终以自己的机智沉着与能言善辩，说服了楚王，赢得出使的成功。这一著名的历史故事，足以证明毛遂正是凭着他班门弄斧的精神，才赢得了一展才华、为国争光的机会。

由此，我也不禁想到，我们仍然有不少有才有志之士，虽有满腹经纶，却因没有显示才华的勇气，不敢到班门去弄斧，而终生碌碌，鲜为人知，这就更需要学习这副对联中所蕴含的启智弃愚的精神了。当年 21 岁的北京姑娘谢军，不正是凭她“下棋找高手，弄斧到班门”的志气，推翻了由前苏联人垄断达 41 年之久的女子国际象棋王位，而荣登世界冠军宝座的吗?

你想获取大善知识，勇攀科学高峰，尤其不可少了“下棋找高手，弄斧到班门”的勇气。只初中毕业的乡镇小店员华罗庚，敢到数学家苏家驹教授的“班门”去“弄斧”，年仅 19 岁就写下了《苏家驹之代数的五次方程式解法不能成立之理由》一文，受到熊庆来教授的青睐，从此走进了数学王国，而成为知名的世界级数学大家。小提琴之王帕格尼尼，少年时因敢于在一位誉满全欧的大师家班门弄斧，操琴演奏，赢得了这位本不愿见他的大师的喜爱，收他为徒，使其琴艺突飞猛进，脱胎换骨。

其实，“下棋找高手，弄斧到班门”，对高手，对鲁班师傅，也都有利。“圣人无常师”“三人行，必有我师”“弟子不必不如师”（不必，作“不是必然”解），从那些不怕狮、虎的初生牛犊身上，我们的高手和鲁班师傅们不也可以得到更多有益的切磋与启示吗?

“弄斧到班门”这个成语，最早见于唐代柳宗元《柳河东集·王氏伯仲唱和诗序》。其中云：“操斧于班郢之门，斯强颜耳。”本意是自谦。谦虚是必要的，人应该有谦恭的态度，以“班门弄斧”自谦，无可厚非。但成为一顶帽子，用于揶揄嘲笑年轻人，而压在年轻人、有志者的头上，成为一种重压,我则不以为然。那种不敢找高手,不敢越雷池半步,怯于进取，被“班门弄斧”的帽子压着而只能在中庸之道上绕圈子的人，这同我们改革创新、开放图强的时代精神，相距何其遥远？我之所以喜欢“下棋找高手，弄斧到班门”这副对联，就在于它让人聪明起来，帮助我们许多人启智弃愚，提倡发奋向上，努力进取。而对于如那位自身诗艺并不高明却又惯于以帽子压人的梅之涣等辈，则不能不嗤之以鼻，弃如敝屣。

有知识，没常识

生活中的细节很多，常识无处不在。行住坐卧，最重威仪，我们的文化传承可不能忽略了常识啊。常识是什么？常识往往正是品位。

我先说说这道题目的来源。

香港著名建筑师杨照，年轻时曾三次申请入读不列颠哥伦比亚大学建筑学院，但三次落选。他不气馁，第四次申请，虽然他表达了对建筑的兴趣和追求，但是面试时，主考者问他："你念过心理学吗？念过社会学吗？人类学呢？"回答是一概没有。最后被问："你知道建筑是什么吗？"回答是："不知道。"对方说："这就是你三次申请都被拒绝的原因。"当然，这第四次还是名落孙山了。多年以后，杨照先生说，对这次面试过程，他慢慢才有了深刻的体悟。

体悟在哪里？杨照先生说："建筑是供人使用的。你必须先要认识人，才能为人办事，为人去建筑。而人类学、社会学、心理学，都是'人'的学问。从一扇门到一堵墙，从地面到地下，从小区到整座城市，只要与人的生活有关，无不是建筑学的范畴。当科学文明渐渐替代了历史文化，成本效益慢慢掩盖了人文元素，生产效率催生了专业制度，经世致用，只剩下经济实用，视觉艺术取代了美学观念，专业知识演化为‘通通不识’（毫无常识），你能建造出好的建筑、好的城市吗？”

他的这番话说得太好了，他的体悟，太深刻、太宝贵了。他这话的前半段指出，建筑是为了人的，是人的学问；扩而展之，我们的工作，我们的事业，哪一样不是在“建筑”？哪一样不是为人办事的？哪一样不是人的学问？后半段话就更精辟、更见睿智了：“科学文明渐渐替代了历史文化”——历史文化能被截断，能不传承吗？“成本效益慢慢掩盖了人文元素”——降低成本是对的，但是能不考虑人文元素吗？“生产效率催生了专业制度，经世致用，只剩下经济实用”——这是多么精当的察知！只有经济学的意义，导向生产率的游戏，只有金钱的算计。“视觉艺术取代了美学观念”——看看那些感官刺激的所谓影视作品吧，低俗、粗俗、媚俗是怎么来的？“专业知识演化为‘通通不识’”——好，点到要害处了。论专业知识，都是行家、专家、名家，光环耀眼，但是，常识呢？……这就是我这篇文题的来源。

春节来了，家家户户要贴春联。“爆竹一声除旧，桃符万户更新”“向阳门第春常在，积善人家庆有余”“风调雨顺，人寿年丰”，这是中国几千年来的习俗与传统。对联，是竖写，上下两个半联，组为一副对联。它同诗词中的骈句一样，短小、精美，寓意深厚，有顺序安排、层次布局，更有严格的对仗要求。一般来说，平仄相应相谐，上联结于仄声，下联结于平声。这是最基本的常识。只要有语言感觉而略知平仄者，一读就知道哪是上联哪是下联了。走上大街，不仅商店、宾馆、寻常人家，还有一些文化场所，图书馆、博物馆、翻修后的古建筑，甚至不少寺院，有不少对联都贴反了，真叫人慨叹不已。上下联的常识没有了。

中国人喜欢请名家题字。题字，当然有行款格式。你走进一座寺院，那里有大雄宝殿。这个横额，是自右向左排列的，很多人误解为横排。错了，横排是西式，中式的是竖排。大雄宝殿四字，依然是竖排，俗称提行，即一字一行，庄严隆重，依次下去，落款也是竖排。而不解者就误认为是横排了。西式横排是自左而右的，很多大家名家现在题字，都是西式横写，但是落款本应横写，却又竖写。版面破坏了，成了不中不西、亦中亦西，这是行款格式出了问题，贻笑大方。题署的常识没有了。

在佛教中，对出家人一般通称“师父”，可是，写信、发短信，不少人却写为“师傅”。这个“师傅”是社会上对某些技术性、职业性人才或传授技艺者的尊称，与佛教中的称谓是不同的。同样，佛门中在家居士如果同是皈依弟子，互相之间应称“师兄”，这里没有性别、年龄的限制，都应统称“师兄”，与同一学校的同学应称“学兄”（或“学长”）一样，决不可称“学弟”（师弟），因为“学弟”是老师对学生的称呼。当然，称“师姐”“师妹”，是武林或道家的称呼，在佛门那就是“外行语”了。

还有一个人们所忽视的称谓，即“×老”“××老”。张老、李老，这是古代同辈者之间的尊称，比如毛泽东称徐特立“徐老”，称董必武“董老”，那是以领袖的身份来敬称对方，或者徐特立、董必武，他们以平辈的身份，互相敬称“×老”。作为晚辈、小辈的我们，又怎能仿效而称他们为“×老”呢？比如赵朴初老居士，领导人尊称他为“朴老”“赵朴老”，而我们怎么也不敢如此称呼他，因为身份不符啊。这是称呼、称谓的常识了。

中国古代有所谓男左女右的说法，其实，这就是一种礼节的常识。拍照片，如果是平辈之间，站的位置可以任意不计。如果与尊者、长者合影，你怎么可以站在他的左侧，让他在你的右侧呢？这又是一个站立于何位的常识了。

生活中的细节很多，常识无处不在。行住坐卧，最重威仪，我们的文化传承可不能忽略了常识啊。常识是什么？常识往往正是品位。

“敬鬼神而远之，可谓知矣”

“敬而远之”这个成语，出自孔子“敬鬼神而远之”的一句名言。这句名言被误读、误解了两千多年，“敬而远之”的糊涂观念，也误传了两千多年。

“敬而远之”这句常见常用的口头语，我们懂得它的真实义、本来义吗？此语源出《论语·雍也篇第六》。全文为：

樊迟问知。子曰：“务民之义，敬鬼神而远之，可谓知矣。”

问仁。曰：“仁者先难而后获，可谓仁矣。”

千百年来，“敬而远之”这个糊涂观念，几乎害了我们祖祖辈辈。误会不除，今后也许还会贻害下去。

“敬而远之”这个成语，出自孔子“敬鬼神而远之”这句名言。这句名言被误读、误解了两千多年，“敬而远之”的糊涂观念，也误传了两千多年。孔子讲“敬鬼神而远之”的真实义，不是消极、逃避、负面的。问题是，我们对“远”字的解释错了。《还吾老子》一书作者、国学研究家、上海作家沈善增先生，对此有深刻的研究。他通过深入的学术考证，指出“敬鬼神而远之”这句名言中的“远”，不作疏远、远离、远去解，正确的解释是致远，是到达，是扩展，是积极地推进、推广到更远、更多、更广大的地方。他的解释太好了，廓清了两千多年来我们认知上的迷雾。理解这句话，要照顾到上下文，即从全文来理解。全文是：

樊迟问知。子曰：“务民之义，敬鬼神而远之，可谓知矣。”

首先，樊迟问知。这个“知”，在当时，不是指知识，而是指“智”，这也不是一般的智慧之智，而是指做官的智慧（用今天的话语，叫“政治智慧”）。老师当然了解学生，所以回答“务民之义”。这是全文的前提、要旨。可见，他是回答务民的“知”，即务民的智慧，务民的要义。务，是专务，即专心致志、一心一意去服务。用今天的话语，就是为人民服务。“务民之义”，就是务民以义，就是以义务民，就是遵循义理来为民服务。怎样才算“务民之义”呢？孔子说“敬鬼神而远之”。这就是告诉樊迟，最聪明的方法，是以敬事鬼神的态度，以敬事鬼神的虔诚、忠诚、恭敬心，推广到社会生活的各个方面去。比如：对父母孝，要敬；对上忠，要敬；对朋友义，要敬，对待工作，对待事业，要敬；对待一切礼节、礼仪，要敬；对待认识的人，要敬；对待不认识的人，也要敬。当然，你要求人民敬，你自己对人民同样也要敬。这都是“远”的含义啊！能做到这一点，就真正有为官的智慧、务民的智慧了。

写到这里，我还不能不指出，这里的“鬼神”，与我们今天所说的鬼神不是同一个概念。在古代，鬼神两个字在同一个水平线上，即鬼与神并无高低之别。人死为鬼，“鬼者，归也”，是回家的人。鬼，在孔子那个时代，并无贬义，还有敬义。屈原赋中的“山鬼”，即是“山神”。“鬼”，是从来历上定义的，即今天所说“发生学”上的定义。“神”，是从功能、作用上定义的。“神了”，指的是不可测、不可思议。所以总体上说，鬼神指的原是祖先。祖先崇拜，是中国传统文化中一个主要方面。孝亲文化，祖先崇拜，是中华民族心理深层次结构因素，也是几千年来中国社会的主流意识形态。哪有不敬祖、不孝敬祖先的子孙呢？将敬鬼神、敬祖先的“敬”的精神，推广到社会生活的方方面面去，家庭中，人人敬，社会上，人人敬，这不是和谐社会的最初理念吗？

可见，“敬而远之”的真正含义，是强调“敬”，强调真诚和礼敬，应把这种敬的精神，这种礼的文明，推广到我们的生活中、心灵中去。沈善增先生的这一研究，多么精彩，多么符合孔子当时一贯维护礼乐的主流意识啊。

正本清源，我们还能用“敬而远之”的误解，来对鬼神阳奉阴违吗？

当然，“问知”后还有下文：

问仁。曰：“仁者先难而后获，可谓仁矣。”

樊迟在问知之后，又再问：什么是“仁”呢？怎样做才真正体现了为官者的仁呢？孔子的回答：先难而后获。这个“难”，是诘难，即诘问自己。我去做官，去务民，要先问自己，我尽到为官者的责任了吗？我尽职尽责了吗？这与我们今天的“问责制”正是不谋而合。“获”的本义是争取，争取到了，即是收获。先问责，再谈争取。尽到责任了，有了争取的努力，当然这就是获，就是仁政了。可见孔子把政治智慧，把对工作尽职尽责，视为仁爱、仁政，这是多么崇高的思想行为啊！所思所想，都落实在尽职尽责上，这不就是仁政吗？达到施行仁政的前提是倡导人与人之间恭敬、互敬、敬重、敬业的精神，这不正是孔子的政治智慧吗？

图书在版编目（CIP）数据

大觉归真 / 觉真法师著. —北京：国际文化出版公司，2017.1
ISBN 978-7-5125-0884-2

Ⅰ.①大… Ⅱ.①觉… Ⅲ.①佛教－人生哲学－通俗读物 Ⅳ.①B948-49

中国版本图书馆CIP数据核字（2016）第228628号

著作权登记号：图字01-2016-5746号

大觉归真

作　　者　中国香港 / 觉真法师
责任编辑　戴　婕
统筹监制　别　飞　张　奇
策划编辑　李　娜
文案编辑　王　静
版权支持　文赛峰
装帧设计　仙　境
出版发行　国际文化出版公司
经　　销　全国新华书店
印　　刷　北京天宇万达印刷有限公司
开　　本　700毫米×1000毫米　16开
　　　　　17.5印张　190千字
版　　次　2017年1月第1版
　　　　　2017年1月第1次印刷
书　　号　ISBN 978-7-5125-0884-2
定　　价　38.00元

国际文化出版公司
北京朝阳区东土城路乙 9 号　邮编：100013
总编室：（010）64271551　传真：（010）64271578
销售热线：（010）64271187
传真：（010）64271187-800
E-mail：icpc@95777.sina.net
http://www.sinoread.com